WOLFGANG HASENPUSCH

EIN

TICK

POLITIK

Bibliografische Information der Deutschen Nationalbibliothek: Die Deutsche Nationalbibliothek verzeichnet diese Publikation in der Deutschen Nationalbibliografie; detaillierte bibliografische Daten sind im Internet über dnb.dnb.de abrufbar.

© 2023 Wolfgang Hasenpusch
Herstellung und Verlag: BoD – Books on Demand, Norderstedt
ISBN: 978-3-7543-4886-4

EIN TICK POLITIK
MIT HUMOR IM BLICK

Politik ist eine sehr ernste Angelegenheit! Zweifelsohne. Dennoch müssen wir oft über Politiker und ihre Eigenarten lachen.

Ja, sie stehen im Visier des Volkes, das die gewählt hat. Nicht immer direkt, aber zumindest ihre Partei.

Die schönsten Parodien fallen immer den Komödianten auf der Bühne ein oder den Karikaturisten mit ihrer „spitzen Feder" aktuell in den Tageszeitungen.

Humor muss sein. Er entkrampft, lockert, lässt den Ernst der Lage erträglicher werden.

Politischer Humor ist eine intensive Art der Kommunikation auf amüsante Weise, die dem Genre Aufmerksamkeit schenkt und mit anderen Scheinwerfern beleuchtet.

Komik lässt komplizierte Sachverhältnisse mitunter einfacher, übersichtlicher, verständlicher, einfach runder erscheinen.

Auch vor unangenehmen Themen muss der Humor nicht ausweichen, nicht schweigen, denn er kann sie entkrampfen, verständlich und einsichtig machen.

Besonders der Humor einer politischen Satire kann auf amüsante Art und Weise gesellschaftliche und politische Missstände aufzeigen, hinterfragen und so auf unterhaltsame Weise Kritik üben. Denn Spott, der statt Bosheit starke Überzeugung serviert, bringt selbst die zum Schmunzeln, die er betrifft.

Viel Spaß!

Wolfgang Hasenpusch

Mai 2023

INHALT

Ohne weitere Worte

Grenzen der Diplomatie

Diplomaten gehen in der Regel diplomatisch vor,
öffnen mit grober Gewalt kein gegnerisches Tor,
sind ein eingeschworenes, elitäres Korps.

Diplomaten verfügen über alle Informationen,
ergründen sorgfältig alle Situationen,
und müssen oft an anderen Orten wohnen.

Diplomaten beherrschen mehrere Sprachen,
haben keine Furcht vor asiatischen Drachen,
wenn sie neue Beziehungen entfachen.

Diplomaten pflegen ihre Beziehungen,
geben sich mal zurückhaltend, mal ungezwungen,
oft schon sind ihnen Konflikt-Lösungen gelungen.

Diplomaten feiern gerne, werden oft eingeladen,
spinnen ihre Netze mit nationalem Faden
und merken sofort, werden sie einmal verladen.

Diplomaten bleiben im Hintergrund,
verhandeln für ihr Land um den Globus rund,
denn endgültig ist für sie kein Befund!

Diplomaten teilen auch Leidenschaften,
ob sie sich mit Sport, Kultur oder Politik behaften,
sie können Schimpf, Kritik, Schande verkraften!

Diplomaten müssen gute Kaufleute sein,
auf ihr Land schwören, mit Stein und Bein,
suchen Kontakte, sind selten allein.

Aber bei notorisch krankhaften Potentaten
wissen auch die erfahrensten Diplomaten
nichts Diplomatisches zu raten.

Ohne weitere Worte

Wahlkampf mit allen Mitteln

Freundschaft

„In zwei Körpern wohnt eine Seele!",
so sah Aristoteles die Freundschaft ohne Fehle:
Zwei Menschen stehen, wie eine Stehle.

Menschen, die zusammenhalten,
ihr Leben gemeinsam gestalten,
sind Freunde, die Treue entfalten.

Das gilt für Männer wie für Frauen,
die sich untereinander voll vertrauen
und stets aufeinander bauen.

Alles können sie sich offenbaren,
sind sich der Diskretion völlig im Klaren;
jeder wird überaus verlässlich verfahren.

Auch Freundschaften außerhalb der Ehen
sind eingeschränkt voll und ganz zu verstehen:
Da müssen keine Eifersuchtsfahnen wehen!

Ehepartner müssen die Freundschaft verstehen,
ohne die Angst vor einem „Fremdgehen",
auch nicht einmal situativ aus Versehen!

Frauen haben Frauen-Themen,
während sich Männer zu den Ihrigen bequemen,
ohne gleich von der Ehe Abschied zu nehmen.

Frauen fahren auf die Landesgartenschau,
Männer zu einem Off-Road-Verhau,
mit der weidmännischen Jagd auf eine wilde Sau.

Freunde teilen gleiche Abenteuer,
auf Reisen oder am Lagerfeuer,
ob luxuriös oder gar nicht teuer.

„Und wer entschädigt mich für die toten Fische!"

Isolation ohne Smartphone

Was dem Einen die Ruhe,
ist Anderen die Geselligkeit!

Ordnung im Heim oder Freiheit auf dem Müllplatz?

Widersprüche und Paradoxien

Was ist ein Paradox?
Vielleicht eine unerwartete Eisenbox
unter den Goldbarren in Fort Knox?

Oder will man als Ökologe mit dem SUV allein
für eine einzige Tüte Kräuterklein
noch rasend schnell im Supermarkt sein?

Schon immer gab es Widersprüche:
Komplexe Regeln schaffen Normenbrüche,
oftmals gar ohne üble Gerüche.

Die Dissonanz-Theorie belegt,
was sich zwischen Einstellung und Verhalten regt,
denn Unbequemes wird einfach weggefegt.

Mit schweren Autos und weltweiten Flugreisen
seine Verachtung für Nachhaltigkeit zu beweisen,
ist nur ein Beispiel, wie Öko-Freaks entgleisen.

Auch Fairness ist nur ein Wortgewäsch:
Wir erfreuen uns an preiswerter Kleidung fesch,
gefertigt von Kindern im armen Bangladesch.

Aus Afrika kaufen wir das Kobalt,
wissen, vor Kinderarbeit macht man dort nicht Halt,
ganz zu schweigen von der militärischen Gewalt.

Überall ist sie anzutreffen, die Ambiguität,
unter der man „einerseits-andererseits" versteht,
so wie es auch bei der Flüchtlings-Politik zugeht.

Die vielen Widersprüchlichkeiten sind zu spiegeln,
zu entdecken, aufzuzeigen und zu entsiegeln,
Selbst- und Fremdwahrnehmungen zu entriegeln.

„Hätte ich bloß einen anderen Beruf gewählt!"

„Kommen Sie mir nicht mit Ihrem Friedhofsgesetz!

„Auch Sie mit Ihrem großen Topf
stellen sich hinten an!"

„Mensch, Karl! – Halt dich zurück

Polizei-Einsätze

Immer wieder hört man von Polizei-Einsätzen,
zu der braven Bürger großes Entsetzen,
wobei alle die Ordnungshüter schätzen.

Wilde, ausufernde Demonstrationen,
schreiende Hooligans auf Wegen zu Stadionen,
die Polizei-Staffeln will keiner schonen.

Demonstranten von Bäumen rücken,
Straßensperren wegen Abseilens von Brücken,
Klagen, wenn Randalierer Kameras zücken.

Die Polizei muss viel über sich ergehen lassen,
weil brutale Menschen sie angreifen und hassen,
aber Anklage erheben, es sei Angriff auf Rassen!

Krawalle polizeilich aufzulösen,
wenn Tausende von Menschen tösen:
Wo sind die Friedlichen, wo stecken die Bösen?!

Gewerkschaften streiken für höhere Löhne,
dabei der Ordnungsmacht Töchter und Söhne,
als ob man sich an die Polizei-Eskorten gewöhne.

Polizei und die Gerichte
sind die Exekutiven in der Demokratie-Geschichte,
aber böswillige Störer machen alles zunichte.

Polizei-Einsätze kosten Steuerzahlern Millionen,
sie kommen beordert und gerufen in Zonen,
die diese hohen Ausgeben nicht lohnen.

Auch Polizei-Beamte fürchten um ihr Leben,
das kann Geld nicht als Kompensation geben,
zumindest sollten wir die Achtung für sie heben!

„Schau, Erna, dem Politiker wird der
„Goldene Hundehaufen" verliehen,
und er ist auch noch stolz drauf!

Lobbyisten: Berater oder Hyänen?

Einst platzte der Regierung der Kragen:
Lobbyisten müssen sich in ein Register eintragen,
sonst wären sie nicht mehr zu ertragen!

Lobbyisten beraten die unerfahrenen Politiker,
sind für ihre Firma jedoch schlaue Taktiker,
gute Strategen und Überzeugungs-Praktiker.

Lobbyisten wurden von Unternehmen entsandt,
bevor eine gesetzliche Regelung anstand,
sonst bekäme die Firma kein Bein mehr an Land.

Lobbyisten offerieren Nobelrestaurant-Essen
und nutzen die Beziehungen unterdessen,
dass die Politiker ihre Dankbarkeit nie vergessen.

Solange Lobbyisten über offene Risiken aufklären,
lässt man sie mit Aufmerksamkeit gewähren,
nicht aber, wenn sie an Rechtmäßigkeiten zehren!

Kommen Gelder und große Versprechen ins Spiel,
verwirkt der Lobbyist sein hehres Aufklärungsziel,
denn er macht Unbotmäßigkeiten mobil.

Wenn ein Minister hohe Vortrags-Honorare erhält,
was weit jenseits seiner Vortrags-Qualität fällt,
wird offenkundig, dass es Bestechung darstellt.

Wird ein Alt-Minister in einen Vorstand gewählt,
zeigt: nicht die Management-Qualität zählt,
sondern, dass es an Skrupellosigkeit nicht fehlt.

Lobbyisten wandeln auf dünnem Eis,
balancieren auf Graten, von denen keiner weiß.
Wird ihr Treiben publik, wird's um sie heiß!

„Hilfe, jetzt werden wir durch Automaten ersetzt!"

„Nichts gegen Zuwanderer, aber
mit modernen Geräten ist er überfordert"

Frauen

Frauen geben sich oft verführerisch,
ehrgeizig, diplomatisch oder launisch,
häuslich, mitunter auch welt-„männisch".

Bei dem Wort „weltmännisch" gibt´s gleich Zoff,
denn es klingt nach maskulinem Stoff,
als ob der Feminismus auf „weltfraulich" hoff´!

Nicht jede Frau bekommt die Gunst
der liebreizenden, verführerischen Kunst
und flüchtet in den Feminismus-Dunst.

Redakteurinnen von Frauen-Zeitschriften,
die gegen Männer Unmut stiften,
versprühen das auch mit verbalen Giften.

Selbstverwirklichung erwächst zum Frauen-Ziel,
von Partnerschaft halten sie nicht allzu viel,
es sei für eigenes Lebens-Ventil.

Parolen, wie „Frauen an die Macht!",
haben sie permanent in Artikeln entfacht.
Dem „Quoten-Trick" hat das Erfolg gebracht!

Jetzt führen Frauen in der Politik,
als Qualifikation gegen Männer der Quoten-Strick,
oft mit überforderten, fragwürdigem Geschick.

Ehen verkümmerten zum Arrangement,
zum Teil auch nur eine kurze Zeit lang
und viele junge Leute scheuen den Ehe-Anfang.

Kinder werden in modernen Ehen
auch nicht mehr ganz so gern´ gesehen,
denn familiäres Verbundensein ist am Vergehen!

„Komm, Joschi! –

Du bist dich auch Sklave deiner Frau!"

Männer

Männer sehnen sich nach Heldentum,
nach Ehrenzeichen und Kriegsruhm.
Dafür bringen sie sich auch gegenseitig um!

Männer sehnen sich nach Sexualität,
wann immer ihnen danach steht,
und es ihnen zu einer Gelegenheit gerät.

Wehe, es kommt ihnen in der Karriere
ein ernsthafter Wettbewerber in die Quere,
da vergessen sie jegliche Anstands-Lehre!

Einige Introvertierte gehen in die Einsamkeit,
sind zu ewigem Klosterleben bereit
und ertragen der Klausuren Leid.

Sie fahren zur See, den Abenteuern nach,
schlagen betrunken in Hafen-Kneipen Krach
oder suchen in der Fremde ein neues Dach.

Männer trainieren ihre Muskulatur,
denn sie lieben eine starke Statur:
Vielleicht sind sie so von Natur?!

Kompromissbereit sind sie nur selten,
laut und unerbittlich im Schelten,
aber draufgängerisch, wie schon die Kelten.

Männer sind viel leichter zu durchschauen
als die katzenhaften, durchtriebenen Frauen,
worauf besonders die Personal-Fachleute bauen.

Ein klares Wort von einem Mann,
auf das man getreulich bauen kann,
gibt man sich heute lieber als schriftlichen Plan!

- Ohne Worte -

Bildungs-Politik in Aspik

Vor jedem Beruf steht die schulische Qualifikation:
Hilfreich, hat ein Kind seinen Berufswunsch schon,
aber realistisch ist das eine recht seltene Position!

Kinder stellen sich als Star, Kapitän oder Pilot vor,
träumen von der Kunst, sehen sich als Tenor,
wollen Profi-Kicker werden, mit der Jagd auf´s Tor.

Sind die schulischen Weichen erst einmal gestellt,
ist das Ausbrechen ein Akt, der sehr schwer fällt,
zu dem sich kaum anhaltende Hilfe gesellt!

Hat man sein Abschluss-Zeugnis in der Hand,
sieht man nach der Hauptschule nur flaches Land,
nichts, mit dem man seine Zukunft verband.

Realschulen und Gymnasien schaffen Stress:
das Pauken ist weit entfernt von „Happiness"!
Einige verlassen diesen quälenden Prozess.

Aber über 50 % der Schüler machen heute Abitur!
Vor 50 Jahren waren es höchstens 5 % nur.
Sie haben das Potential für jede berufliche Spur.

Einige studieren an Hochschul-Instituten,
erfolgreich oder auch mit „Nasenbluten",
andere versuchen sich auf Verwaltungs-Routen.

Firmen sieht man um Abgänger aller Schulen
mit immer neuen Anreiz-Mitteln buhlen.
Anfänger erfahren etwas von Einsteiger-Modulen.

Ist man dann im Firmen-Alltag gefangen,
wird klar: Man folgte Versprechungen unbefangen.
Nicht alle Träume sind in fairer Weise zu erlangen!

Ein Lebenstraum: Kein Staat, keine Steuern?

Josef Beuys schenkte den Menschen
die Freiheit, Künstler zu sein.

Schulpolitik mit Zensuren war schon immer brutal!

Leistungs-Gesellschaft

Physikalische Leistung ist Arbeit pro Zeit,
und Arbeit steht als Kraft mal Weg bereit.
Kraft und Energie arbeiten an Massen zu zweit.

Von Arbeitnehmern werden Leistungen verlangt,
vor deren Quantifizierungen so mancher bangt.
Es ist die Höhe, an der die Anforderung krankt.

Im sozialistischen Osten
waren Arbeiter mit Soll-Vorgaben auf Posten.
Übertreibungen können die Gesundheit kosten.

Im Osten optimierte man Arbeitsleistung schroff,
durch die Bewegung von Alex Gregor Stachanow:
den Kohleabbau übertraf er mit 10-fachem Stoff!

REFA-Studien hatten einst belegt,
wie viel der Arbeiter optimal bewegt.
Das hatte bei Gewerkschaften Unmut erregt.

Leistungsträger schaffen mitunter Irritationen,
weil sich Anstrengungen für sie kaum lohnen,
bei flauen Kollegen aber Neidgefühle wohnen.

Der Mensch ist keine physikalische Maschine:
Für Anreize macht er immer gute Miene,
weniger, wähnt er sich auf einer Abstell-Schiene.

Team-Player fühlen sich in der Gruppe wohl,
das Soziale wirkt auf sie wie Alkohol,
aber sie zählen nicht zu einem Leistungs-Pol.

Unternehmen schauen auf Leistungs-Indikatoren,
machen sie zu nachhaltigen Betriebs-Faktoren,
mit Weiterbildungs-Kursen und eifrigen Mentoren.

„So können Arm und Reich zusammenwohnen!"

Bei der hohen Hundesteuer verdienen
Hunde auch Auszeichnungen!

Haustiere

Was wären wir ohne unsere Haustiere?!
Armselige, herzlose Vampire!
Herrschaft über seelenlose Mono-Reviere!

So ziehen Millionen Hunde mit Hundebesitzern,
wenn Steuermarken an den Halsbändern glitzern,
durch die Parkwege, wie andere mit Kindern.

Andere halten sich Katzen, Hamster, Pferde,
alleine oder in ganzer Herde,
auf dass es den Besitzern nie einsam werde.

Gefährlich wird es bei seltenen Rassen,
geraten Schlangen und Echsen auf die Gassen,
und lassen sich nur schwerlich wieder fassen!

Ruht eine acht Meter lange Anakonda
beim Nachbarn auf der Veranda,
ist das für ihn keine freundschaftliche Propaganda.

Katzen sind der Deutschen liebste Haustiere,
kein Mensch, der zu ihnen Zutrauen verliere,
aber gleich der Räuber viere?!

Vögel sind in ihrer begrenzten Voliere
bei der Aufzucht von geringerer Schwere,
besonders so man klangvolle Gesänge höre.

Eine Nachbarin geht täglich vornehm und flott
mit ihrem Schäferhund-großen Ozelot,
stets dabei einen mit Fleisch gefüllten Futterpott.

Der Mensch sei, wie sein Lieblingstier:
von zurückhaltender oder angriffslustiger Manier.
Das beachte und merke dir!

„Lasst ab von mir, sonst heißt es noch,
ich hätte euch unsittlich berührt!"

„Jetzt verbinden wir den Atommotor
mit der Sonne!"

Industrie 5.0

Automatisation

Die Automatisation nimmt so dann und wann
mit der Zeit beängstigende Formen an,
denen sich kaum ein Mensch entziehen kann!

Da denke man nur an autonom fahrende PKW:
An und für sich eine großartige Idee,
aber ist die Sicherheit auch in jeder Lage O. K.?

Überprüft mich demnächst ein Roboter-Polizist,
gerate ich mit ihm womöglich in Zwist,
da er bei meiner Strafe nicht kompromissbereit ist.

In der Produktion sind Automaten
sicherlich gut anzuraten,
denn sie neigen kaum zu Gewalttaten.

Küchen seien schon voll automatisiert,
der Kühlschrank wird gefüllt, wenn er Inhalt verliert,
das Brot von Automaten belegt und geschmiert.

Der Tagesablauf wird kontrolliert,
das Essen wunschgemäß portioniert,
das man satt wird und keine Kalorien verliert.

Nähert man sich mit dem Auto seinem Haus,
fahren Tor-, Tür- und Garagenöffner aus,
von Lautsprechern schallt Willkommens-Applaus.

Mit Automatik lässt es sich sicher leben,
wenn Roboter uns von der Straße heben,
nach einem Sturz, als würden wir dort festkleben.

Wenn wir uns nicht mehr auf die Sinne verlassen,
sondern nur noch auf moderne Roboter-Klassen,
kann sein, dass wir das Leben verpassen.

„Da hat der Westen doch schon Kampfflugzeuge
in die Ukraine geliefert!"

Auch gut verborgener Umwelt-Schmutz
ist nicht auf Dauer verschwunden!

Mammut-Parlamente

Deutschland ist organisiert in 16 Ländern,
alle in unterschiedlichen Gewändern.
Die Anzahl könnt man schon lange ändern!

Hamburg, Meck-Pomm., Schleswig-Holstein,
könnten gut ein einziges Bundesland sein,
so reihen sich Bremen und Niedersachsen ein.

Das kleine Saarland sollte man wagen,
dem Land Rheinland-Pfalz zuzuschlagen,
Berlin sollte sich mit Brandenburg vertragen!

Hessen könnte mit Thüringen koalieren,
wie einst beim Ost-West-Zusammenführen.
Das ließe sich auch für immer probieren!

Aus Sachsen und Sachsen-Anhalt
macht man ein großes Bundesland,
mit langer Vorbereitung, ohne Gewalt!

Blieben 3 Länder: Bayern, N.-Rhein-Westfalen,
Baden-Württemberg ungeschoren von allen,
täte es dem Staat einen riesigen Gefallen!

So hätte die chaotische Länder-Vielfalt,
eine übersichtliche Neun-Länder-Gestalt
und ebenso viel Kultur und bunten Inhalt.

Im Zeitalter der intelligenten Kommunikation
gereichen die vielen Bundesländer zum Hohn.
Da wäre der 9-Länder-Staat eine tolle Vision!

Leider klammern sich die Betroffenen
mit törichten Ausreden, wie die Besoffenen,
egoman an Posten, protestierend im Offenen.

Man muss immer wieder betonen:
Es sind die kleinen Innovationen,
die sich für die Wirtschaft lohnen!

Noch ist deutsches Know-how weltweit gefragt!

EDV-Vernetzung ist das 4.0-Zeitalter

Freut man sich noch im Alter des Lebens,
waren die Mühen der Arbeit nicht vergebens!

Freie Berufswahl?

Mein Vater hatte eine Schreinerei
und hätte mich als Sohn gerne dabei.
Bin ich da noch in meiner Berufswahl frei?

Mutter hatte ein großes Modegeschäft geführt,
die Tochter hätte aber gerne Atomphysik studiert.
Von der Mode fühlte sie sich nicht animiert.

Eltern hegen, dass Tochter oder einer der Söhne
ihre aufgebaute eigene Karriere kröne.
Doch oft hören sie nur Gestöhne.

Viele große Privat-Unternehmen,
für die sich die Kinder schließlich doch bequemen,
müssen bald die Insolvenz in Kauf nehmen.

Große Privat-Firmen suchen dringend Direktoren,
zum Verdruss der im Stich gelassenen Senioren,
es bestand kein Bedarf bei den eigenen Junioren.

Personal-Abteilungen „babbeln" Azubis um,
halten sie ab vom Universitäts-Studium,
vergeben lieber Stellen nach Firmen-Gustum.

Forscher müssen Produkte verkaufen
oder als Anwendungstechniker herumlaufen,
selbst wenn sie sich die Haare raufen.

Wer sich weigert, ins Ausland zu gehen,
darf auf unliebsamen Posten die Runden drehen:
Für begabte Menschen bleiben Karrieren stehen!

Wenn promovierte Akademiker auf Posten landen,
die Fähigkeiten im Unternehmen versanden,
ist eine miserable Personal-Politik vorhanden!

„Toller sozialer Dienst!"

Alters-Diskriminierung

Alte Leute erfahren überall Diskriminierungen:
Alte seinen unflexibel, noch formbar die Jungen.
„Erfahrungen zählen nicht mehr!", so böse Zungen.

Junge Leute beherrschen die neuen Medien,
ältere Bürger reisen zum Segelkurs nach Italien,
sind deshalb noch lange keine Mumien!

Aus jungen Leuten sprießt der Ehrgeiz,
arbeiten am liebsten als Yupee in der Schweiz,
denn Viel-Geld-Verdienen ist ihr größter Reiz.

Die Alten sind erfahren und abgeklärt.
Sie wissen, wie und wohin das Leben fährt.
So gibt´s oft Krach, wenn Alter die Jugend quert.

Die Jugend will sich ausprobieren,
nicht immer mit den feinsten Manieren,
lieben es, Alte als Vorgesetzte zu schikanieren.

Alles aber lässt sich nicht neu erfinden
und manches wird teuer, es neu zu ergründen,
auch wenn sich die Ehrgeizlinge noch so schinden!

Erfahrungen sind mitunter Gold wert!
Die hatte Siegfried mit dem Damaszener-Schwert,
mit dem er einst dem Drachen das Fürchten lehrt!

Wer aber als junger Mensch Erfahrungen ignoriert,
wähnt sich als hinreichend wissend, ungeniert,
darf sich nicht wundern, wenn ein Pech passiert!

Wenn Generationen zusammenarbeiten
und nicht über jede Kleinigkeit streiten,
können die Alten den Jungen das Feld bereiten!

„Was lockt da denn alles?!"

Man den Gesundheitswahn auch übertreiben!"

Der Klerus vor dem Abgrund

Toleranz für alternative Methoden in der Medizin

„Ich lasse mich mit meiner Lebensweise
nicht mehr diskriminieren!"

„Komme vom Sozialamt! – Bin dein neuer Helfer!"

Familienplanung in unterschiedlicher Sichtweise

Unterschiedliche Lebensanschauungen auch in höheren Sphären!

„Lass´ dir nie einreden,

dass wir schon überflüssig sind!"

„Ich bin mir sicher: Das Leck ist nicht auf

unserer Seite! – Lass´ die mal schippen!"

Berliner Wahl-Debakel

Die Wahl zum 19. Berliner Abgeordnetenhaus
entwickelte sich im Jahre 2021 zu einem Graus.
Schon der organisatorische Ablauf sah übel aus!

Bei vier Wahlen war das Wahlamt überfordert,
hatte ungenügend Lokale und Helfer geordert,
und der Berlin-Marathon hatte auch behindert.

Vier Wahlen hatten die Berliner zu absolvieren:
Zu Bundestag, Bezirks-Verordnete in den Revieren
sowie zum Volksbegehren „Wohnung-Renovieren".

Zudem fand die Wahl zum Abgeordneten statt,
bei der die SPD klar den ersten Platz erobert hat.
Frau Giffey wäre Bürgermeisterin der Stadt.

Durchführungs-Probleme und Unregelmäßigkeiten
führten zu einem wochenlangen massiven Streiten,
Nur das Gericht konnte dem ein Ende bereiten.

Die Abgeordnetenhaus-Wahl ist zu wiederholen,
auch die Wahl der Verordneten blieb gestohlen.
Für den 12.02.2023 wurden Neuwahlen befohlen.

Berlin hatte dann den Wechsel gewählt!
Aber da nur die Mehrheit zählt,
hatte sich der Sieger umsonst gequält.

Ein Paradox in unserem Wahlrecht:
Der Sieger fliegt aus dem Gefecht,
wenn sich der Verlierer mit einer Koalition rächt.

Ist dem Wählerwillen damit genüge getan
oder fängt der Streit damit erst an,
dass die Abgestrafte weiterregieren kann?

„Auch wenn Landärzte fehlen, wo haben
Sie denn ihre Ausbildung gemacht?!"

„Ohne Berater läuft bei dem jungen Referendar gar nichts, aber das hier sind die Lobbyisten!"

„Auf der Insel bestimmt der alte Dr. Krause, was Arbeitssicherheit und Umweltschutz heißt!"

Parlamente, die aus den Nähten platzen

Für das Große erschließen sich leicht die Gründe:
Vornehmlich sind es die leichten Pfründe,
denn viel Geld zu scheffeln sei keine Sünde!

Das Parlamente mit ihren Überhang-Mandaten,
laufen Gefahr aus den Nähten zu geraten,
obwohl schon viele um Reformen baten.

Der Ehrgeiz wächst, wieder ins Amt zu schlüpfen:
Da lassen sich leicht Beziehungen knüpfen,
kann bei Unternehmen unter die Decke zu hüpfen.

Was machen 736 Parlamentarier im Bundestag?
Mit 180.000 Euro verfügen sie über einen Betrag,
der für Ärzte und Juristen angemessen sein mag.

Da sie ihre Tätigkeit unter Beweis stellen müssen,
tummeln sie sich in diversen Ausschüssen
und beteiligen sich an den Beschlüssen.

Dafür erhalten sie ausreichende Informationen,
die kaum eine Eigeninitative lohnen,
da sie fest im Haus ihrer Fraktionen wohnen.

Geschworen hatten sie den Eid aufs Gewissen,
Abgeordnete sind aber leicht hingerissen,
wenn sie der Fraktion Treue leisten müssen.

Zugunsten Medien-Auftritten und Konferenzen
können sie im Plenarsaal gerne mal schwänzen
und ihr Wohl durch Dienstreisen ergänzen.

Neigt sich die Legislatur-Periode zum Ende,
spucken die Parlamentarier wieder in ihre Hände,
denn keine Wiederwahl wäre eine Lebenswende.

„Ach, wie gut dass niemand weiß:

Mein Geld liegt in der Schweiz!"

„Ich hoffe, mein Eindruck trügt mich,
dass Sie mir, als staatlichen Aufsichtsbeamten,
etwas verheimlichen wollen!"

Moderner Strafvollzug

Lumpen, Strolche und Banditen

Kriminalität versetzt die Bürger in Grau,
vor allem beim Einbruch im eigenen Haus.
Wie aber sieht die Sicherheit auf dem Lande aus?

Enkel-Tricks und Telefon-Hinterhalt,
bei denen es um hohe Summen galt:
Durch Ausnutzung der Hilfsbereitschaft halt!

Handwerker-Trupps kommen zur Dach-Reparatur,
sie seien gerade in der Nähe auf Tour,
von Gewährleistung der Pfusch-Arbeit keine Spur!

Kupferkabel werden täglich irgendwo gestohlen,
gar aus verschlossenen Containern, unverhohlen!
Die Diebe verschwinden auf leisen Sohlen.

Auch Überfälle vor Zahlstellen und Banken
sind der steigenden Kriminalität zu verdanken.
Räuber kennen bei alten Leuten keine Schranken!

Sie gehen beobachtet zu ihrer Bank
oder an einen Geldautomaten-Schrank:
Geld wird ihnen entrissen! – Ist das nicht krank?!"

Jugendliche lassen mit 200 Sachen
ihre Luxus-Karossen durch die Häuser krachen,
als würde Umsicht keine Freude mehr machen.

Wenn auch die Kriminalität tobt,
so seien aufmerksame Nachbarn gelobt,
auch Wildkameras wurden erfolgreich erprobt.

Sobald Nachbarn etwas Verdächtiges ausmachen,
haben Einbrecher und Gauner nichts zu lachen,
denn dort ist kein leichter Beutegang zu entfachen.

„Die Jugend wird auch immer aufgeweckter!"

Ein Hoch auf unsere alten Bürger!

„Bei der nächsten Wahl kommt er auf Platz 1!"

„Wieso haben die da oben immer mehr Gewicht?!"

„Man kann mit der Ausbildung in den
MINT-Fächern nicht früh genug beginnen!"

Gebt der Natur, was der Natur gebührt!

„Gütigster Herr, was soll ich machen:
Jetzt wollen schon Schweißroboter heiraten?!"

Vielen geht die Phantasie abhanden,
einmal auf himmlischen Wolken zu landen!

War er doch ihr ein und alles!

Kein Wunder, dass die Wahl-Party ausartet,
kam doch die Stimmen-Höhe völlig unerwartet!

Faule Wähler

Wähler sind die Basis der Demokratie,
aber gut vorbereitet sind sie meist nie:
Bei Urnen-Gängen herrscht kaum Euphorie!

Wähler sind träger und träger geworden.
Vorbei ist die Zeit der Wähler-Horden
mit Wahlbeteiligungs-Rekorden.

Wähler marschieren, wetterbedingt,
missmutig zur Urne, wenn´s überhaupt gelingt,
was wenig nach Demokratie-Begeisterung klingt.

Nur 30 bis 40 Prozent der Wähler, mehr nicht,
beugen sich der ersten Bürgerpflicht
und legen ihre gute Miene in ihr Gesicht.

Mitunter folgt auch eine Wahl nach der anderen,
geschweige denn der Nachwahlen im Besonderen.
Sind Kandidaten besser als die Vorhandenen?

Die Meisten halten nicht mehr vom Wählen viel:
Sie machen nur noch gute Miene zum Spiel,
ihnen ist die Wahl der Kandidaten zu diffizil.

Bundestags-, Landtags- und Bürgermeisterwahlen,
Europawahlen mit den hohen Kandidaten-Zahlen.
Gute Vorbereitungen grenzen da an Qualen!

Dazu noch mitunter Bürger-Entscheide,
zu des Bürgers bitterem Leide,
die er am liebsten meide.

Wahlberechtigte Bürger im ganzen Lande,
zerschlagt die leidigen Trägheits-Bande,
denn nicht zur Wahl zu gehen, ist eine Schande!

Politiker zeigen mit Karneval keine Empathie:
Es wird abgesagt bei Unwetter und Pandemie!

Subventionen nimmt die Großindustrie gerne mit,
denn auch darin ist die groß und keineswegs lütt!

Die Erde wird heiß und heißer,
Sonnenenergie erwächst zum Reißer:
Bald lebt da kaum noch ein Weißer.

„Keine Bange, Hedwig! – Wir sind gut versichert und leben im sozialen Netzwerk des Staates!"

„Wir heißen die neuen Gastarbeiter willkommen!"

„Nur 12 Kleider im Jahr! - Du bist so grausam!"

Veganismus, ein Kult?

Vegan zu leben, ist der proklamierte Lebensstil:
Nichts von Tieren, oder wenigstens nicht viel.
Damit lebe man gesünder, länger und mobil!

Für das Eisen aus dem Fleisch nehme man Pillen,
Tabletten auch für Vitamine, nach Pharma-Willen.
Mütter sollten Kinder mit Hafermilch stillen!

Vorschub für Veganismus leisteten Skandale,
denn Mängel gab's in mancher Fleischzentrale,
aber Behörden sendeten lange keine Signale.

Den Perfektionismus vieler Veganer
verstand schon früher kein Indianer,
noch heute kaum ein Mohammedaner.

Ohne Fleisch, Milchprodukte und Eier zu leben,

kann mit Einschränkungen auch Erfüllung geben,

zumal auch Tiere nicht alle nach Fleisch streben.

Durch das Glas knapper Agrarprodukte geschaut,

wird klar, dass der Öko-Freak auf Veganes baut

und bekundet das überall stolz und laut.

Veganer wollen mit ihrem Konsumverhalten

ihr Leben ganz zur Seite des Tierwohls schalten

und eine bessere, nachhaltige Welt gestalten.

Veganismus stützt sich auf die Umwelt-Situation,

auf Tier-Ethik, Gesundheit und Religion

sowie auf den Welthunger in mancher Region.

Seit 2010 breitet sich der Veganismus bei uns aus:

Erst 2 Mio. Bürger leben vom Veganer-Schmaus,

aber für ihre Ideologie verdienen sie Applaus!

Wenn doch der „Veggie Day" das Klima rettet!?

Politische Pathologisierung

Politiker weihen Gebäude ein,
legen Kapseln in Grundsteine hinein,
wollen bei jedem symbolischen Erdhub dabei sein.

Politiker zerschneiden Bänder
zwischen zwei Brückengeländer,
und wähnen sich dabei stets auf Sender.

Politiker lassen neue Rathäuser erbauen,
weil sie deren altem Image nicht mehr trauen,
aber vor allem auf ihre Reputation schauen.

Politiker geben Investitionen frei
und sind bei jeder Einweihung dabei,
als ob schon wieder bald Wahltag sei.

Politiker stehen in der Öffentlichkeit,
als ob man ihnen das Fehlen nie verzeiht,
stets im Glanze ihrer Eitelkeit.

Politiker geben Standard-Kommentare,
als wäre das Gesagte überlagerte Ware,
kaum gelangen sie ins Sonderbare.

Politiker stehen im Rampenlicht,
erspüren stets: gefalle ich oder nicht,
verfolgen jeden Presse-Bericht.

Politiker sind ständig auf Achse,
als ob ohne sie das Gras nicht wachse
und die Welt stoppte das Drehen um ihre Achse.

Politiker lieben die Ehrerbietung,
als seien sie zu einer Elite auf dem Sprung,
bis hin zur kritischen Pathologisierung.

Da schneidet doch der Chef vom Architekten-Stab
der Ministerin bei der Einweihung den Schal ab!

„Wie soll ich aus den mageren Forschern
denn eine schmackhafte Suppe kochen?!"

„Für diese neue Verbindung haben wir über
500 Genehmigungs-Ordner erstellen müssen!"

Gesetzes-Flut

Sicherlich gibt es staatlicherseits viel zu regeln,
das gilt vor allem den Scharlatanen und Flegeln,
aber allen fehlt damit der Wind in den Segeln!

Waren es früher die deutschen Gesetze,
treibt die EU geradezu eine Gesetzes-Hetze,
aber die größten Sünder gehen nicht in die Netze!

Sie weichen aus in andere Länder,
bekommen diverse Erleichterungs-Pfänder,
durchtrennen die heimischen Lieferbänder.

So steigt in Deutschland das Maß an Importen,
gefertigt an externen unsauberen Standorten,
unbeschreiblich mit nachvollziehbaren Worten!

Ein ressourcenarmes, exportorientiertes Land
hält auf unüberschaubare Regelnetze die Hand,
als denke man nur mit halbem Verstand.

Deutschland gibt die Metall-Hütten auf,
wie bei einem Ausverkauf.
So nimmt das vorhersehbare Los seinen Lauf!

Deutschland fehlen Kohle, Sand und Stahl,
edle und seltene Metalle, wie Platin und Tantal.
Sie in Friedenszeiten zu beschaffen, ist eine Qual!

Wie gestaltet sich das erst in Krisenzeiten?
Kann man da noch auf alten Verträgen reiten
oder will jeder Staat den eigenen Markt bereiten?

Recycling würde Ressourcen im Lande halten,
aber man hat weder genug Stahl zu verwalten,
noch sind alle Metalle über Börsen zu schalten.

Abwanderungen aus Deutschland

Junge Leute machen ihre Studien in Gent,
andere verlassen ganz den Kontinent
und verbleiben mitunter dort auch permanent.

Bedingungen und Unterstützungen überzeugen,
braucht sich keinerlei Beziehungen zu beugen:
Koryphäen können die Leistungen frei beäugen.

So verbleiben die besten Studenten
bis zu ihren wohlverdienten Renten
in anderen Ländern und auf anderen Kontinenten.

Aber auch nach dem Arbeitsleben
soll es für Rentner noch andere Plätze geben,
weshalb sie in wärmere Länder streben.

Zurück in die Türkei oder nach irgendwo
ziehen die Alten in einen kleinen Bungalow
und sind des Lebens viele Jahre froh.

Vertreter ganzer Wohnanlagen werben,
indem sie das Leben im Ausland schön färben,
aber auch dort sind nicht alle Träume zu erben!

Fachkräfte und ganze Familien
zieht es nach Holland, USA oder Sizilien,
denn überall dort wohnen Deutsche in Immobilien.

Ausländische Firmen machen Angebote,
die fallen mitunter ganz aus dem Lote,
denn dort herrscht eine Anerkennungs-Note.

Denn Deutschland mit seiner Politik und Inflation,
mit Regelungen, Vorschriften und Protektion,
nervt viele Deutsche seit langem schon.

„Müsst ihr nach jeder Arbeit
euren Sirtaki tanzen?!"

Kunst als Brot der Seele

Kunst gereicht uns als zeitlose Kraftquelle,
auch in Museen oder an öffentlicher Stelle
und schenkt uns das spannende Individuelle.

Sie kann die Gedankenwelt anregen,
den Zustand der komplexen Welt belegen,
im Üblen, wie auch im Segen.

Wenn die Natur in ihrer Farbenpracht
den Menschen zu ihren Bewunderern macht,
haben sie sicher auch an ihre Bedrohung gedacht.

Künstler schlagen dimensionslose Brücken
zwischen unserem Kunstgenuss-Entzücken
und den ernsten „Welttheater-Stücken".

Sie schaffen äußere und innere Welten,
in denen auch metaphysische Träume gelten,
über das, was Menschen so alles anstellten.

Der Künstler Werk-Strukturen
schenken dem Materiellen poetische Spuren,
bringen Gedanken zu Raum und Zeit auf Touren.

Künstler erforschen Oberflächen und Räume,
induzieren Gedanken sowie diverse Träume
ohne Grenzen, Wände, Mauern und Zäune.

Künstler verorten sich mit Recht
in einem komplexen Ideen-Geflecht
aus Anspielungen und Resonanzen nicht schlecht.

Die Werke der Künstler geben uns Getriebenen,
uns, den dieser rauen Welt Verschriebenen,
an Hoffnungen - an die noch verbliebenen.

„Ich habe nichts gegen Qualitäts-Kontrolle,
aber muss die immer so umfangreich sein?!"

Die Narren sind los!

Ab dem 11.11. geht es wieder los:
Karnevalisten sammeln sich en gros.
Ihre kommenden Tage werden wieder famos.

Motive werden entworfen mit neuen Themen,
worüber sich Politiker eigentlich schämen,
aber von denen sich man keinen sich grämen.

Sprüche und Gags lässt man sich einfallen,
für die Fastnachtsfeiern in närrischen hallen,
dass die Beifalls-Hymnen nur so schallen.

Dabei gibt es wahre Spitzen-Könner des Glücks,
wie der Pizza-Bäcker und die Daphne de Luxe,
Büttenredner allein oder mit Tänzern im Mix.

Karnevalsvereine machen sich tiefe Gedanken,
aber das bringt keine Politiker ins Wanken,
wenn ihre Marotten auch zum Himmel stanken.

Ihre Meinung lassen sie in Talkshows verbreiten,
in die immer dieselben eitlen Politiker schreiten,
um mit immer gleichen Argumenten zu streiten.

Im Fastnachts-Umzug kriegen sie ihr Fett weg,
aber das kümmert die Herrschaften einen Dreck.
Das Volk hat seine Spiele! - Das ist der Zweck!

Ein Karnevalsverein nach dem anderen
defiliert mit Wagen, den kleinen und größeren,
Prinzenpaare werfen Kamellen aus den längeren.

Aus Motivwagen fliegt Konfetti auf die Pisten,
Papierschlangen und Gummibärchen aus Kisten,
die Straßenreinigung muss alles wieder entmisten.

Brot und Spiele

Bürgermeister aus Gemeinde und Stadt
sehen zu, dass jeder Bürger genug zu essen hat,
sonst findet erhebliche Unruhe statt.

Auch für friedliche Gemüter haben sie zu sorgen,
mit diversen Festen bis in den Morgen,
müssen sie sich das Geld dafür auch borgen.

Wichtig ist eine hinreichende Kneipen-Kultur!
So bleiben auch die Hitzigsten auf der Spur:
Versündigen sich am Alkohol, sonst nicht die Spur.

Am tollsten geht es beim Karneval zu:
An den tollen Tagen gibt´s keine Ruh´,
denn außer Rand und Band zu sein, ist der Clou!

Auf das „Brot und Spiele" geschworen
hatten bereits die alten römischen Imperatoren:
Benebelten damit des Volkes Augen und Ohren.

Ausgelassen feiernde Leute
erwachsen für Politiker zu leichter Beute:
Sie sind zufrieden – wenigstens heute.

Schon für die Jugend gelten die Feste
während ihrer ganzen Schulzeit als das Beste,
ob mit oder ohne Lehrer als Gäste.

Das gleiche gilt für Feste am Arbeitsplatz:
Entspannung kommt vor der Maloche Hatz
und man wechselt so manchen befreienden Satz.

Brot und Spiele halten zusammen,
wo Menschen diversen Gruppen entstammen
und das öde Einerlei verdammen.

„Ganz recht! – Ich bin mit der Verteilung der Hilfsgüter betraut! – Was fragst du Wurm?!"

Kraft aus der Stille

Um uns herum tobt das hektische Leben,
lässt uns nach Beruf und Gesundheit streben
und uns an TV und Handys kleben.

Enge Termine bestimmen unsere Zeit!
Dabei wäre es eine Kleinigkeit,
wäre alles an uns Heranströmende noch weit.

Wie der Benediktiner-Pater Anselm Grün,
könnten wir uns um mehr Einsamkeit bemüh´n,
uns beispielsweise mit einem Buch zurückzieh´n.

Mit langen Wanderungen und kreativem Spaß
schenkt uns Einsamkeit als Glücksquelle etwas,
was schon mancher in seinem Leben vergaß.

Sich des Öfteren dankbar zeigen
für seinen erstaunlichen Begabungs-Reigen,
lässt ganz sicherlich Glücksgefühle steigen!

Sich selbst sei man ein guter Freund,
der es immer offen mit sich meint.
So bleibt man stets mit seinem Glück vereint!

Fühlt man sich schicksalhaft im Leben verlassen,
läuft mit Trauer durch einsame Gassen,
scheint bald wieder Sonne auf breite Trassen.

Eigene Rituale und zeitliche Struktur
halten Vereinsamte auf der Spur.
Den Rest schenkt eine robuste Natur.

Und macht die Einsamkeit mutlos und krank,
hat man Bedürfnisse nach Gesellschaft und Dank,
laufe man z. B. eine Kurpromenade entlang!

Gauner, Verbrecher und üble Recken
sind durch grelle Lampen abzuschrecken!

Angst-Gesellschaft

Die Deutschen hätten laut Statistik
am meisten Furcht vor Klima und Kriminalistik.
Ihre Angst ist allgemein eine Sache der Mystik!

Angst trocknet und verschnürt die Kehle,
kratzt am Selbstbewusstsein, an der Seele,
fast der ganze Alltag ist ein Gequäle!

Wie unterscheidet sich die Furcht von der Angst?
Während du Furcht durch Konkretes erlangst,
ist die Angst allgemein, vor der du bangst.

Du hast Furch vor Einbruch oder Spinnen,
auch Mäuse machen dich etwa ganz von Sinnen,
das lässt sich heilen, z. B. durch Therapeutinnen.

Angst vor der Klima-Veränderung
übernimmt dir keine Versicherung,
keine therapeutische Heilbemühung!

Die Medien berichten ausführlich jeden Tag
von Diebstahl, Einbruch, Mord und Todschlag,
was man gar nicht mehr hören und sehen mag.

Aber auch die Zukunft wird uns madig gemacht:
Haben wir hinreichend an die Rente gedacht,
was wenn bei Sturm das Haus zusammenkracht?

Besonders die Versicherungs-Gesellschaften
können die Selbstsicherheit so richtig entsaften,
bis sie es zu einer signierten Police schafften.

So leben wir am längsten,
mit all unserer Furcht und all unseren Ängsten,
sind sie die Verdrängsten!

„Schon wieder so ein Fakir
in unseren Sprühfunken!"

Klimakrise

Greta Thunberg, die Klima-Aktivistin
hält uns die Gleichgültigkeit unters Kinn,
als wäre Klimaschutz der höchste Lebenssinn.

Auf den Klimaschutz fokussiert,
ist in der Tat zu wenig bis jetzt passiert,
aber macht es Sinn, dass man derart konzentriert?

Besonders junge Menschen spüren,
Politiker können in keine bessere Zukunft führen,
Bedrohungen wachsen über Gebühren!

Bevölkerungs-Wachstum, Energie-Krise
auf die Erde prallt ein Meteoriten-Riese,
Ressourcen-Verknappung aber keine Paradiese!

Flug- und Spinnenangst sind therapierbar,
bei Klimaangst ist das aber nicht machbar,
denn das Klimakrisen wachsen werden, ist klar!

Nur wenn Ängste und Sorgen überhand nehmen,
muss man sich zur Therapeuten bequemen,
denn sie sollen nicht die Lebensfreude lähmen!

Angst kann auch Motivations-Schub verleihen,
wenn wir uns zu Gleichgesinnten einreihen,
Gespräche können uns von Ängsten befreien.

Jeder kann auf seine Weise
eintauchen in eigene Klimaschutz-Kreise
und wachsen, im Sinne einer Resilienz-Reise.

Die Zukunft hält aber auch Trümpfe bereit,
an die keiner denkt oder man übersieht sie zurzeit.
So jedenfalls geschah es oft in der Vergangenheit!

Wie am Polterabend die Braut
ängstlich auf den LKW schaut

Sie hatte ihm eine Porzellan-Ladung zugetraut,
dann aber doch sehr erleichtert geschaut.

Ehrenamt

Oh, du holdes Ehrenamt,
der Staat präsentiert es in Samt,
er braucht Hilfe, wo er selber lahmt.

Vereine schreien nach Ehrenamtlichen,
sonst bekommen sie Programme gestrichen.
Aber nur wenige Freiwillige kommen geschlichen!

Ehrenämter in Institutionen oder Verein,
schenken Stolz und Pflichtbewusstsein.
Die Zahl der „Abstauber" ist normalerweise klein!

Doch oft wird das Ehrenamt aufgeweicht,
was bis zu hohen Entschädigungen reicht,
manche Institution aber völlig streicht.

„Honorar"-Dozenten erhalten gar kein Geld,
wo ein Wahlhelfer bis zu 240 Euro/Tag erhält,
und Lokal-Politikern gar tausende Euros beistellt.

Hauptberuflichen Ehrenamts-Aquisiteuren
macht es nichts aus, zur Freiwilligkeit zu betören,
während sie selbst keiner Bezahlung abschwören.

Die einen sind als Ehrenamtler ehrlich,
andere kassieren, wären aber entbehrlich:
Gerechtigkeit gibt es beim Ehrenamt schwerlich!

Aufsichtsräte sozialer Einrichtungen stauben ab,
Ehrenamtler freuen sich, wenn´s mal Danke gab.
Wie deplatziert ist dieser schräge Maßstab?!

Warum werden Ehrenämter so korrumpiert?
Warum nicht durch offene Standards modernisiert?
Warum nicht die lukrativen Ämter fair offeriert?

„Gute Idee, wenn die Fahrstühle ausgefallen sind!"

Greta Thunberg

Greta Thunberg wird für das, was sie macht,
verunglimpft, gescholten und verlacht.
Dabei hatte sie uns Weitsicht gebracht!

„Ihr redet nur! – Wo bleiben eure Taten?!"
hatte sie mutig auf der UN-Konferenz geraten;
aber Politiker arbeiten nicht mit dem Spaten!

Dennoch fand die 15-Jährige weltweite Beachtung,
erreichte ihre Depressions-Überwindung,
ist für jede Klima-Tagung auf dem Sprung.

Mit 15 Jahren erhielt sie einen Schriftsteller-Preis,
die Lehrer an der Schule loben ihren Fleiß.
Als 18-Jährige verließ sie ihren Familien-Kreis.

Politiker tun zu wenig für den Klimaschutz,
Treibhausgase zu reduzieren, wäre von Nutz´:
„15 %/ Jahr in Schweden!", haut sie auf den Putz.

Im Jahr 2019 auf der UN-Klimakonferenz
betonte sie mit wissenschaftlicher Referenz
das Versagen der Politik in Gänz`.

„Was fällt den Politikern der Welt ein,
so rücksichtslos gegenüber der Jugend zu sein?!
Sie hauen die Welt mit Arroganz kurz und klein!"

Seit 1995 tagten diverse Klimakonferenzen,
dennoch steigen Emissionen über alle Grenzen,
weil Politiker wissenschaftliche Foren schwänzen.

Greta beansprucht nur noch das Nötigste,
lebt vegan, fährt Bahn und niemals fliegt sie,
aber weltweite Aufmerksamkeit kriegt sie.

Fridays for Future

Freitage stehen mahnend für die Zukunft,
denn an diesen Tagen protestiert die junge Zunft,
sie hält Politiker für reichlich abgestumpft.

Greta Thunberg saß als Erste an Freitagen,
als Schulschwänzerin so zu sagen,
damit sich Politiker endlich an Taten wagen.

Klima-Ereignisse schlagen Kapriolen,
wir erzeugen aber weiter Klimagase aus Kohlen,
anscheinend bleibt der Politik Zukunft gestohlen.

So ziehen Millionen junge Leute
protestierend durch die Straßen, bis heute,
beklagen die rücksichtslose Ressourcen-Ausbeute.

Lebensmittel vergammeln durch Überangebot,
auf der südlichen Erdkugel herrscht Hungersnot.
Da sieht die junge Generation Rot!

Kunststoffe verdrecken die Meere,
politische Appelle gehen ins Leere.
Dem kommen die Jugend-Proteste in die Quere.

Ihre friedlichen Proteste aber verhallen.
Keiner sieht, wie sie ihre Fäuste ballen,
weil Politiker nur ihren Wohlstand bestallen.

Aus Verzweiflung vor klimapolitischer Untätigkeit,
vollführen Jugendliche auch manche Dummheit,
geraten festgeklebt mit der Polizei in Streit.

Aber Kriege, Erdbeben, Waldbrände,
binden Politikern die agierenden Hände
für notwendige klimapolitische Kopfstände!

Hebt die Frauen auf den Schild!

Frauenrechte

Frauen wollen auch alle Berufe,
wollen auf jede Karriere-Stufe!
Unaufhaltsam bekräftigen sie ihre Rufe.

Was Männer schon lange können,
soll man bei Frauen nicht verkennen,
da sie auf alle Ämter brennen.

Sie absolvierten Prädikats-Examen,
bevor sie auf ihre Laufbahn kamen,
präsentieren sich gekonnt in jedem Rahmen.

Vorbei ist die Frau als Hüterin des Hauses,
als Bereiteren köstlichen Schmauses,
als Gärtnerin des eigenen bunten Straußes.

Kinder, zieht euch alleine groß!
Hängt nicht länger an Mutters Schoß!
Macht euch früh von den Eltern los!

Mütter wollen keine Doppelbelastung:
Schüler stehen ganztägig unter Beaufsichtigung,
und Wäsche gibt man einfach zur Reinigung.

Das Familienleben hat sich gewandelt,
seit die Frau mit Vollzeit-Jobs anbandelt
und ein gutes, angemessenes Gehalt aushandelt.

Die Gesellschaft toleriert,
was notgedrungen passiert,
dass sie mit Schwangeren Arbeitskräfte verliert.

Vieles ist noch auf den Mann fixiert,
was manche Frauen noch enorm irritiert,
sich aber mit der Zeit verliert.

„Seit wir weibliche Schweißer einstellen,
haben wir keine Nachwuchssorgen mehr!"

„Trinken wir auf die Armen
da unten, Herr Minister!"

Energie der Zukunft

Wie leben auf einem glühenden Planeten
und klagen bei Strom und Wärme von Nöten,
für Geothermie aber haben wir keine Kröten!

Wir verbrauchen das letzte Öl und Gas,
von Kohle haben wir kaum noch ´was.
So war es mit den Bodenschätzen das!

Jetzt setzen wir auf die Photovoltaik,
haben auch die Windkraft fest im Blick.
Hoffen, Wasserstoff bricht uns nicht das Genick!

Strom aus Brennstoff-Zellen und Batterien,
wegen geringer Wirkungsgrade einst verschrien,
fordern weitere Techniken und Forschungs-Mühen!

Die Sonne soll uns Wasserstoff bringen,
den wir ihr per Sonnenstrom-Elektrolyse abringen
und aus dem heißen Süden zu uns bringen.

Mit Wasserstoff will man Metalle verhütten,
Gläser verschmelzen, für Scheiben und Fritten,
Autos antreiben, mit Brennstoff-Zellen beritten.

Wasserstoff-Gas lässt sich anreichern,
in Drucktanks eine gefühlte Ewigkeit speichern,
zur Verfügung von allen Ländern.

Auch Tidenhub, Flusskraft und Wind
erzeugen uns Energie gelind´,
weil wir immer mehr auch auf sie angewiesen sind.

„Strom wird zur Energie der Vernunft!"
sagt die gebeutelte Kraftwerks -Zunft
und beschreibt damit phantasievoll die Zukunft.

- Ohne weitere Worte -

"Dass sie auch immer alles so genau untersuchen müssen!"

„Schauen sie mich an! –
Ich bin ein Mann der Tat! Da geht es…"

„Rethinking Chemistry"

Poster-Präsentationen und Diskussionen
sollen die Zukunfts-Trends der Chemie betonen
und sich durch Werbung für die Industrie lohnen.

Alle verbleiben in ihren wirtschaftlichen Bahnen:
Statt für Schonung von Ressourcen zu mahnen,
bleibt die Verschwendung wie bei unseren Ahnen.

Dabei könnte die chemische Industrie am meisten
von allen Industrie-Zweigen für die Zukunft leisten,
aber Hütten und Recycling-Betriebe verwaisten.

Verwaltungen lähmen den Unternehmer-Elan,
an Investitions-Gelder kommt man schwer ran,
Firmen stehlen, was ein findiger Kopf einst ersann.

Die Industrie steht vor den großen Aufgaben,
Erdöl-Folgeprodukte langsam zu begraben,
oder sie sollen abbaubare Eigenschaften haben.

Chemie-Produkte regeln
Sonnenenergie-Transport mit großen Segeln,
Fügeverfahren arbeiten nicht mehr mit Nägeln.

Die Chemie kann gefahrlose Produkte stiften,
helfen, das Landwirte nicht ihre Äcker vergiften,
Hilfestellung leisten bei den vielen Vorschriften.

Chemiker können neue Stoffe kreieren,
Altstoffe in quantitative Kreisläufe führen,
Eigenschaften in Labors sicher analysieren.

Industrien müssen ihre Strukturen überdenken,
allen Mitarbeitern passende Chancen schenken,
Aufmerksamkeit nicht nur auf Aktionäre lenken!

„Mit der Zuwanderung nimmt es
ja erschreckende Zustände an!"

Management-Todsünden

Es gibt viele Management-Todsünden,
beispielsweise sich zu sehr an das ICH zu binden
oder die falschen Geschäfts-Partner zu finden.

Wenn Bosse nur nach Shareholder Value lechzen,
ohne auf sichere Betriebswirtschaft zu setzen,
könnten Betriebsräte schnell die Messer wetzen!

Den Wettbewerb brutal zu attackieren,
mit den übelsten Manieren,
kann zu nämlichen Gegenmaßnahmen führen!

Wer zu weit in die Zukunft blickt,
aber an der Gegenwart erstickt,
dem ist das Manager-Sein nicht geglückt.

Die Gier nach immer neuen Innovationen
mit übermäßigen Forschungs-Investitionen,
kann sich nur in sinnvollen Maßen lohnen.

Auch mit Akquisitionen kann man sich überfressen,
hat man unterdessen
die Größe seiner eigenen Kapazitäten vergessen!

Neid hat schon viele Manager geblendet,
weil er die falschen Signale sendet
und den Ruf des Unternehmens schändet.

Die größte Todsünde ist die ICH-Bezogenheit:
Erfolg ist zwar der Direktoren teures Geleit,
aber andere hielten dafür ihre Kapazitäten bereit!

Nur Kumpels und Brüder um sich zu scharen,
ist zwar ein beliebtes Führungs-Gebaren,
aber für Unternehmen nicht ohne Gefahren!

„Wir sind die neuen landwirtschaftlichen Berater!"

„Ich glaube, mit einem Säckchen Heimaterde
mache ich euch eine ganz besondere Freude!"

„Klar weiß ich, dass er ´ne Pflaume ist! –
Aber er ist nun ´mal der Sohn des Chefs
und mein Verbindungs-Bruder!"

Beziehungen

Früher hob man einen Stein,
sagte: „Willst Du nicht mein Bruder sein,
schlage ich Dir den Schädel ein!"

Heute: „Willst Du nicht mein Gefolgsmann sein,
lade ich Dich nicht in meine Kreise ein,
und Du bleibst armselig und klein!"

Du musst in einflussreiche Cliquen gehen,
um nahe Karriere-Horizonte zu sehen!
Schau Dich um, dann wirst Du es verstehen!

Ob Männer- oder Frauen-Cliquen,
sie wissen ihre Leute nach oben zu drücken.
Aber mit Beziehungen wird nicht alles glücken!

Personal-Beziehungen sind durchaus erlaubt,
so man auch an erfolgreiche Konsortien glaubt.
Kartellen jedoch hat man den Schneid geraubt.

Absprachen in der deutschen Industrie
führten seit der IG-Farben-Zeit zur Euphorie,
so ganz verschwunden sind die Kartelle nie!

Beziehungen auf Gedeih und Verderb zu nutzen,
bringt rational denkende Menschen zum Stutzen,
denn ihnen verbleibt das Klinkenputzen!

Menschen handeln vermehrt nach Bauchgefühl,
setzen sich nicht gerne zwischen hartes Gestühl,
sondern geben auf ihre Gefühle viel zu viel!

So kommen auch unfähige Führungskräfte
in sie überfordernde Fremdgeschäfte
und die Mannschaften führen die Hefte.

Patent EP 0815:

„Bremsschirme bei der Talfahrt"

„Ja hallo, Chef! – Ich wusste gar nicht,
dass Sie so freigiebig sein können!"

„Das GHS-Mobile macht sich gut
in unserer Eingangshalle!"

REACH

REACH steht für Registrierung,
Evaluierung und Autorisierung
von Chemikalien in Gesetzen der Regierung.

Das Chemikalienrecht der Europäischen Union
hat für die Industrie recht scharfe Munition,
aber Gesundheit und Sicherheit ist ihr Lohn.

Chemikalien sind auf sicheren Umgang zu prüfen,
ob sie eventuell zur Gefährdung aufliefen.
Ämter handelten, da sie sich auf Unfälle beriefen.

So sind von Herstellern und Importeuren
Chemie-Verfahren als sicher zu beschwören,
zu belegen, nicht mit Worten zu betören!

Das schafft sehr viele Unterlagen auf Papier,
mit Zahlen, Daten, Fakten, die nicht nur Zier.
Besonders gefährliche Stoffe sind im Visier!

Diese sehr schädlichen Stoffe sind zu vermeiden,
weil Mensch und Umwelt darunter leiden,
denn der Schutz vor Gefahrstoffen gilt beiden!

Wichtig ist, dass nicht allein die Eigenschaften
von Stoffen für die Arbeitssicherheit haften,
sondern sichere Handhabung in Gerätschaften.

Denn die Natur ist voll von Giften,
das bezeugen Analysen und Schriften,
aber sie können auch Segensreiches stiften!

Denn was sagte schon Paracelsus in seinem Stift:
„Ein jeglicher Stoff ist Gift,
wenn´s nur hinreichende Mengen betrifft!"

„Ich wäre Ihnen sehr verbunden, Madame,
wenn Sie Ihre Parkprobleme nicht
auf meinem Rücken austrügen!"

„Die Arbeitsplätze haben die Kollegen noch erhalten, aber Spaß macht ihnen der Job nicht mehr!

„Sie hatten die Chance mit Selbstverpflichtungen! -
Jetzt sagen wir, wo's mit der Chemikalienpolitik
langgeht!"

So sollte es heute in Chemie-Betrieben
nicht mehr zugehen!

„Heuschrecken"

Wenn ein Unternehmen nicht mehr weiter weiß,
setzen sich „Heuschrecken" auf das Firmengleis,
und alles läuft auf ihr Geheiß.

Investoren, die „Heuschrecken" heißen,
können tief ins Unternehmens-Fleisch beißen
und Firmen weiter herunterreißen.

Die Bosse stehen mit dem Rücken an der Wand,
sehen in den „Heuschrecken" eine rettende Hand,
die aber kennen nur das „Rendite-Land"!

Ihre Rendite-Forderungen grenzen an Raub,
sie plündern und machen sich aus dem Staub.
Vorstand und Betriebsräte bleiben taub.

Die Firmen HERTIE, PFAFF und MERKLIN
rafften einst „Heuschrecken" dahin,
denn für sie zählte nur der reine Finanz-Gewinn!

„Heuschrecken" wollen wenig investieren,
aber später kräftig Gewinne kassieren,
ohne Empathie an die Belegschaft zu verlieren.

„Heuschrecken", die nach Super-Return lechzen,
geben sich grausam wie Panzerechsen
und tanzen mit beim Tanz der Brocken-Hexen.

Eifrig suchen sie nach verstaubten Unternehmen,
in denen sich Manager gegenseitig lähmen,
sich über Rendite-Versprechen nicht schämen.

Finanz-Heuschrecken verbreiten Angst und Hetze,
proklamieren, dass man auf Selbstreinigung setze,
aber am Ende vernichten sie nur Arbeitsplätze!

„Kommen Sie doch mit Ihrem Auftrag in drei
Monaten wieder!
Bei uns läuft gerade ein Programm zur
Verbesserung der Kunden-Beziehungen!"

In manchen Unternehmen laufen Personal-
Kontrollen etwas arg übertrieben ab!

- Ohne weitere Worte -

Denken

Ich denke, phantasiere, grübel.
Das nimmt mir niemand übel,
weil ich keinen damit zwiebel.

„Ich denke und bin,
ich bin und denke so dahin."
So sah René Descartes den Lebenssinn.

Immanuel Kant empfand es:
„Bediene dich deines Verstandes
und erfreue dich deines Geburtslandes!"

Das Denken hatten Tyrannen einst verboten,
denn alles vollzog sich nur nach ihren Noten.
Manche vollführen heute noch die gleichen Zoten!

Das Über-Informationen-Nachdenken
kann auf kritische Zustände lenken,
für deren Verheimlichung sich manche verrenken.

Kreatives Denken bereitet große Freude,
verdrängt so manches Leide,
aber Kritik steht oft auf des Messers Schneide.

Gedanken ziehen wie Filme dahin,
sind sie noch abrufbar im Gedächtnis drin,
und oft schenken sie einen großen Gewinn!

Denken und Kombinieren
kann intensiv inspirieren,
öffnet sogar oft Seelen-Türen!

Denken und Grübeln, um Ideen zu finden,
lässt sich mit speziellen Techniken verbinden,
ohne den Geist übermäßig zu schinden.

- Ohne Worte –

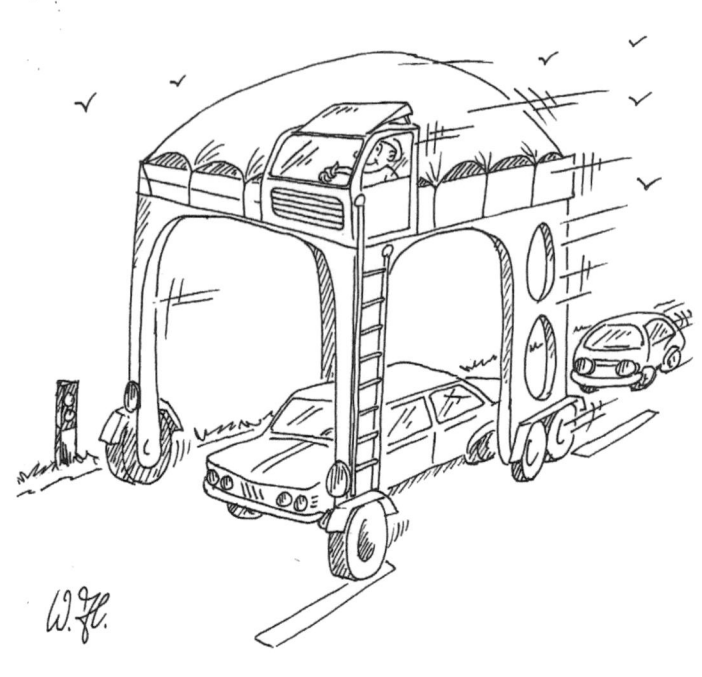

Ein Vorschlag aus Nordfriesland
zur Behebung der Verkehrs-Probleme

„Das hast Du nun von Deinem winzigen,
ach so praktischen Kleinlaster!"

Streiks und Demos

Heutzutage laufen Streiks fast alle Wochen,
weil wieder Gruppen auf ihre Rechte pochen,
oft mit Schlägereien und lädierten Knochen.

Es ist der zivile Ungehorsam,
der eigenartige Auswüchse annahm,
so dass es gar zum Festkleben kam.

Autobahnen werden durch Sitz-Streiks besetzt,
durch Straßen mit Bannern und Plakaten gehetzt
oder sich mit armen Ordnungshütern gefetzt.

Gewerkschaften, die ihre Ziele nicht durchsetzen,
weil sie diese wieder mal zu hoch ansetzen,
rufen zu Streiks auf, getreu den Gesetzen.

Wird eine Straße durch Wälder gebaut,

lamentieren die Umweltschützer laut,

haben sich gar schon Gesetzloses getraut!

Polizisten müssen sie aus Baumhäusern zerren

oder Autobahnen weiträumig sperren:

Protestler sitzen angeklebt, Damen wie Herren.

Oder junge Oppositionelle

suchen eine taktische Brücken-Stelle

und provozieren damit Verkehrs-Unfälle.

Gewerkschaften haben Richtlinien erlassen,

wie und wann sie Arbeitskämpfe anfassen,

denn für Streik-Gelder haben sie volle Kassen.

Beschäftige streiken gegen Entlassung,

Fluglärm-Geschädigte geraten außer Fassung,

Pazifisten demonstrieren gegen Aufrüstung.

Demo-Demokraten

Wir haben das Recht zu demonstrieren,
um gegen einen Tatbestand zu protestieren,
mit guten oder weniger angesagten Manieren.

Ob gegen hohe Mieten, soziale Kürzungen,
Kindergarten- oder Schwimmbad-Schließungen,
wir gehen auf diverse Kundgebungen.

Wir protestieren gegen und für die Flüchtlinge,
für höhere Löhne der Belegschaft und Lehrlinge,
gegen Firmen-Verlagerungen und andere Dinge.

Vielen gut gemeinten Demonstrationen
begegnen unerfreuliche Gegenaktionen,
in denen Krawall-Potentiale wohnen.

Wie auch mancher Marsch friedlich begann,
endete er in Gewalttätigkeiten sodann
und rief Hundertschaften von Polizei herbei.

Auch das kennen wir zu Genüge schon:
Unruhestifter unterwandern die Demonstration
und sie erwächst zu einer chaotischen Situation.

Auch mit der Devise „Frieden schaffen,
nur durch Verhandlungen, ohne Waffen!"
scheiterten in der Steinzeit schon die Affen.

Aber immer noch folgen Menschen der Illusion:
Verstand und Vernunft regeln das schon!
Dabei erleben wir oft die politische Provokation!

Sind wir gute, mündige Demokraten,
wenn wir wieder mit Bannern und Plakaten
schreiend unter Polizeischutz durchstarten?!

Senioren

Heute sind die meisten Senioren,
die kurz nach dem 2. Weltkrieg geboren.
Viele ihrer Eltern hatten ihre Jugend verloren.

Sie sind die Wirtschaftswunder-Kinder,
ihr Wohlstand wuchs nicht minder,
aber heute leben sie viel gesünder.

Sie leisten sich teure Kuren,
fahren in Wohnmobilen weite Touren,
reisen mit Traumschiffen auf Columbus-Spuren.

Monate lang überwintern sie auf Ibiza,
flanieren an der Promenade von Nizza
oder leisten sich auf Sylt eine Hummer-Pizza.

Seniorinnen behängen sich reichlich mit Schmuck,

lassen sich ihre Körper formen, als sei er Stuck,

chauffieren elegant in einem alten Delbruck.

Alte Herren schauen jungen Damen nach,

nicht jeder bekommt mit seiner Angetrauten Krach,

sie weiß: letztlich ist ihr alter Herr schwach.

Die Schwäche der Alten lässt sich kompensieren,

Damen sind schwach, wenn Herren spendieren,

und pfeifen diskret auf gute Manieren.

Seniorinnen leben in der Regel länger,

genießen ihre Ausflüge zu einem Sänger

oder auf einem Schiff mit einem Krabben-Fänger.

Heute wird alten Menschen viel geboten,

nicht nur auf Kreuzfahrten zu den Lofoten.

Nur die Gesundheit, die braucht gute Noten!

Der gute Schlaf

Willst Du tief schlafen, musst Du tugendhaft sein,
denn Gauner und Banditen schlafen schlecht ein,
wälzen sich in ihren Betten mit krummem Bein!

Hast Du ein gutes Gewissen,
liegst Du geborgen auf Deinem Kissen,
ohne dass Dich Alpträume piesacken müssen.

Hast Du aber bei der Arbeit gelogen,
deine Kollegen vor Neid betrogen,
ist die Nacht von Schlaflosigkeit durchzogen!

Gut schlafen zu können, ist eine Gunst,
manche überfällt er schon wieder im Morgendunst,
aber lange durchzuschlafen, ist eine Kunst!

Was nutzen Tees und Schlaftabletten,
kannst Du Dich nicht vor Traum-Geister retten.
Da helfen auch nicht die nobelsten Federbetten!

Gut behütet und sorgenfrei,
ist Dir alles Ferne allerlei,
als ob man in anderen Welten sei.

Stimme Dein Herz gütlich mit Humor,
erhebe zum Gesang Deine Stimme empor,
alleine mit Dir, ohne dominanten Kirchenchor!

Schädlich ist, sich maßlos aufzuregen,
um sich des Nachts wälzend zu bewegen,
es warten genügend Stunden, die Böses hegen.

Der Tugendhafte mit einem reinen Gewissen,
braucht sich nirgends rechtfertigen zu müssen.
Sein Geist ist fern von hinterhältigen Bissen.

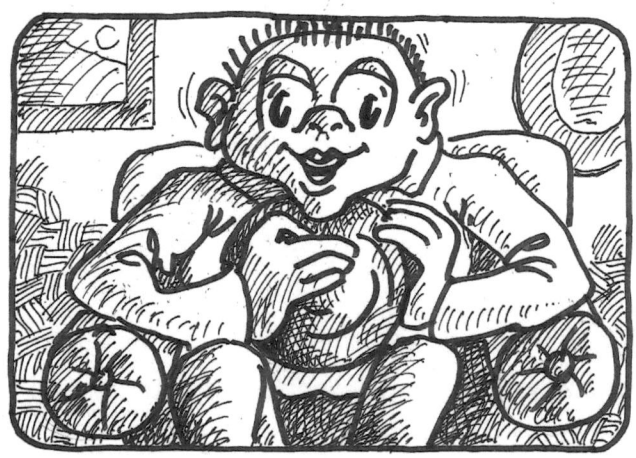

„Den Ball bekommt ihr nicht zurück!"

Lebensmittel-Einkauf

Beim wöchentlichen Lebensmittel-Einkauf
fällt jedes Mal deutlich auf,
wie er wieder gestiegen ist, der Teuerungslauf.

Mit Rucksack und Satteltaschen bepackt
radle ich zu meinem Lieblings-Markt,
wo schon eine Hundertschaft von Autos parkt.

In Verkaufs-Prospekten hatte ich mich informiert,
was mein Supermarkt so offeriert,
war auch an denen anderer Märkte interessiert.

So vergleiche ich die Preise der Waren,
die gleich vier Wurfsendungen offenbaren,
aber natürlich werde ich nicht alle Märkte anfahren!

Ich entscheide mich jedoch gewissenhaft,
ob mein Markt es wieder in meine Gunst schafft,
denn ich wechsele, wenn eine große Lücke klafft!

Da sich die Märkte mit Angeboten überbieten,
lese ich dem Marktleiter schon mal die Leviten,
sind Angebote teurer als in anderen Gebieten.

Er setzt auf die blinden Routine-Kunden,
die kaufen alle Dinge, die ihnen munden.
Daran könne er finanziell gut gesunden!

Besonders Milch, Käse, Butter und Margarine
machten eine negative Preislawine.
Das erfordert eine Preisvergleichs-Routine!

Ärgerlich sind die schamlosen Vergünstigungen
für Handy-Zahler mit attraktiven Sonderleistungen.
Mich davon zu überzeugen, ist nicht gelungen!

„Tolle Körperhaltung, Frau Senatorin!"

Kreislauf-Wirtschaft

Von der Theorie her wäre es fabelhaft
führe man Rohstoffe in die Kreislauf-Wirtschaft,
Verbrauchern mangelt´s aber an Durchhaltekraft!

Unsere Ressourcen schwinden und schwinden,
neue können wir nur noch selten finden,
während wir uns naiv an Bequemlichkeit binden.

Alles wird großzügig in Alu-Folie eingeschlagen,
mehr Energie dafür verbraucht, als wir vertragen,
weshalb wir unsere Aluminium-Hütten verjagen.

Die großen Stahl-Kocher flohen nach Korea!
Früher lagen sie in Deutschland näher!
Wen wundern da die Schwarzseher?!

Als man das „Duale System Deutschland"
zum Konsumverpackungs-Recycling erfand,
plante man für viele Bürger an die Wand!

Fehlwürfe bis zu fünfzig Prozent,
wie man in der Recycling-Branche kennt,
erfordern teure Nachsortierungen permanent.

Von vielen kostbaren Rohstoffen,
lässt sich keine Wiederverwendung erhoffen,
sind sie als Gemisch auf Deponien eingetroffen.

In Salzbergwerken lagern diverse Gifte,
die man früher ins Ausland verschiffte.
Nach oben holen sie nie wieder die Stollen-Lifte!

Folgegenerationen wundern sich schon:
Rohstoff-Versorgung wird zum politischen Hohn,
mit Salzstöcken voller Giftstoff-Isolation!

„Wie sehen Sie die Zukunft? …

„… und was halten Sie von unseren Politikern?"

Krisen-Bewältigung

Wieder stehen wir vor einer schweren Krise,
aber nie war sie so komplex wie diese:
Da heißt „STARK SEIN!" die Devise.

Kriege, Inflation, Klima-Schäden, Krankheiten:
Man treffe Vorsorge für alles bei Zeiten,
denn weiteres Übel hört man von allen Seiten!

Bisher ist uns bei allen Herausforderungen
das Durchkommen durch alle Krisen gelungen.
Nicht alle sind überwindbar, sagen böse Zungen!

Als Gesellschaft müssen wir zusammenstehen,
es kann nicht nur um die eigene Zukunft gehen:
Die Welt wird zu einem kritischen Lehen!

Politiker könnten da einiges leisten,
denn sie beeinflussen von uns am meisten,
nehmen uns aber nicht alle Sorgen, die kreisten!

Entlastungs-Maßnahmen aus Steuergeldern,
fehlen auf anderen Investitions-Feldern,
denn alle Minister werden zu Anspruchs-Meldern.

In Krisen gibt es auch Gewinner:
Manche starten als hinterhältige Beginner
und enden als reiche „Gold-Spinner!"

Sie vermakelt seltene Medikamente überteuert,
haben dazu viele Gehilfen angeheuert,
weil Begehrlichkeit die Gewinne anfeuert.

Große Krisen überstehen wir nur gemeinsam,
denn alleine sind wir da besonders einsam,
weil isoliert selten etwas Optimales herauskam!

Klinik-Aufenthalt

Eine Klinik-Einweisung nach Plan
hätte man mit Bedacht getan,
doch nach Unfällen geschieht das spontan!

Man liegt unter vielen Instrumenten,
nach der OP kommen Infusionen, Medikamente.
Man liegt alleine oder mit anderen Patienten.

Die Schwestern und Pfleger geben sich nett,
Ärzte kommen jeden Morgen ans Bett,
aber das Essen schmeckt fade, ohne viel Fett!

Kannst Du erst aufstehen,
durch die Flure und Gänge gehen,
lassen sich die Einrichtungen näher besehen.

Bist Du jedoch länger ans Bett gefesselt
und der Rücken vom langen Liegen nesselt,
wünscht Du Dir, dass es mal wieder kesselt.

„Aber auch diese Tage gehen vorüber",
sagte ein Freund und so schrieb er,
„dann magst Du Dein Leben wieder lieber!"

Wer gläubig lebt, dem hilft der Glaube:
Vielleicht erbittet er eine Friedenstaube,
die eine Rückkehr zum Seelenheil erlaube.

Kliniken verfügen auch über einen Kirchenraum,
er ist so ruhig, denn Gäste sieht man kaum,
zur inneren Besinnung aber ist er ein Traum.

Mit Gehhilfen erreicht man vielleicht die Bücherei,
darf man sich schon bewegen und ist frei,
so man dort gerne ganz ungestört sei.

Geburtstage

Kinder zählen bis zu ihrem Festtag die Monate,
jedes Jahr schlägt ein wie eine Granate.
Alte begnügen sich mit Fünf-Jahresformate.

Früher wurde jedes Jahr groß gefeiert,
Eltern hatten Geschenke aus den Rippen geleiert.
Bei Greisen wird bei der Alters-Nennung geeiert.

Die Zehner geben zu großen Feiern Anlass,
schon mit 40 Jahren öffnet man ein großes Fass:
Das Lebensglas ist schon halb gefüllt! - Wie krass!

Mit fünfzig und sechzig Jahren
hat man auf nichts mehr zu sparen,
da lässt man die ganz große Sause fahren.

Rentner feiern auf den Kanaren,
wohin sie schon so oft im Urlaub gefahren,
jetzt aber in ruhigerem Gebaren.

Auch Kreuzfahrten zum Siebzigsten
stehen auf Rentner-Geburtstags-Listen:
Da sehen sie das Treiben an den Küsten.

Landgänge können schon beschwerlich sein,
fährt selbst ein Shuttle-Bus in den Ort hinein,
es zieht im Rücken, es lahmt ein Bein!

Mit achtzig Jahren kommt der Pastor ins Haus,
oder der Stadtvorsteher mit einem Blumenstrauß.
Am besten, man nimmt dann Reißaus!

Ist der neunzigste Ehrentag noch vergönnt,
so dass man mit Fug und Recht sagen könnt:
„Dieses Leben ist wahrlich gekrönt!"

…und ewig lockt das Weib!

Frauentag

Den „International Women´s Day"
gründete 1975 ein UN-Frauenkomitee.
Zur Erinnerung war jährlich der 8. März O.K.

Auf die vernachlässigten Rechte der Frauen
soll die Welt an diesem Tag besonders schauen
und auf Frieden und Gerechtigkeit bauen!

1910 wurde ein globaler Frauentag vorgeschlagen,
als in Amerika Frauen für ihre Stimmrechte klagen.
Ein Jahr später hatte man ihn ausgetragen.

Sozialistinnen hatten ihn auf den 8. März gelegt,
waren in Moskau kampfbereit bewegt
und öffentliches Interesse erregt.

Während der nationalsozialistischen Zeit
schenkte die Politik dieser Bewegung kein Geleit:
Sogar Verbote machten sich breit!

Besondere Rolle spielte der Tag im Sozialismus.
Gleichberechtigung verlief dort ohne Verdruss:
Betriebe schenkten Arbeiterinnen einen Gruß.

Im Westen kämpften Frauen gegen Waffen,
denn sie wollten dauerhaften Frieden schaffen
und wandten sich gegen das Waffen-Raffen.

1994 änderte sich der Frauentag zum Streik-Fest
mit internationalem, öffentlichem Frauen-Protest.
Prominente Frauen sprachen vom Redner-Podest.

Bevor das Frauenrecht weiter ins Abseits gerät,
forderten Ministerinnen Parlaments-Parität,
auch für andere Führungsrollen sei es schon spät!

Schutz der Meere

Da sich über 71 % der Erde Wasser erstreckt,
wird es Zeit, dass man die Ozeane entdeckt,
was alles darin lebt und an Wundern steckt!

Die Menschheit kennt besser das Weltall,
als die Meerestiefen auf dem Erdball,
und die bewahre der Mensch vor ihrem Verfall.

Erderwärmung macht auch Meeren zu schaffen,
weil wir untätig ihre Verschmutzung begaffen,
uns aber zu Gegenmaßnahmen nicht aufraffen.

Aufmerksamkeit gilt den Plastik-Mikroteilen,
die bereits überall in den Ozeanen verweilen
und die wir mit den Fischen als Nahrung teilen!

Derweil werden Abbau-Maßnahmen betrieben,
die sogar Meeresboden-Formationen verschieben.
Wo ist da der der Schutz der Tiefsee geblieben?!

Wenn immer Forschungs-Expeditionen starten,
entdecken Wissenschaftler hunderte neuer Arten.
Sollen wir auf ihre Ausrottung warten?

Der Hunger auf Erden führte zur Überfischung,
der Wohlstand zur Meeres-Verschmutzung,
wir aber entziehen uns der Verantwortung!

Wir analysieren, reden und debattieren,
wissen nicht, wie wir uns am besten arrangieren,
damit wir den Segen der Meere nicht verlieren!

Wann kommt eine Greta Thunberg mit Plakat,
die auf einem kleinen Floß Platz genommen hat,
und protestiert dagegen in gleichem Format?!

Protest gegen Meeres-Verschmutzung

Zeitmanagement

Zeit ist, so lernen Philosophie-Studenten,
die Aufeinanderfolge von Jetzt-Momenten.
Aber nicht alle wollen diese Abfolge verwenden!

Für Heraklit war die zeitliche Veränderung
von entscheidender Bedeutung,
denn er sah alles fließen, alles in Bewegung.

Augustinus sah die Zeit als eine Einheit
von Gegenwart, Zukunft und Vergangenheit,
im Wechsel der Veränderlichkeit.

Für Immanuel Kant hatte die Zeit keine Realität.
Er sah sie als eine transzendentale Idealität
sowie als eine nützliche, ordnende Entität.

Hermeneutiker sehen Zeit als subjektive Kategorie,
an Bewusstsein bindet sie die Phänomenologie.
Ohne sie wäre historisches Verständnis Phantasie!

Grundmodus des Daseins ist die Zeitlichkeit,
ohne sie kämen wir in der Planung nicht weit!
Aber Uhren und Astrophysik beenden den Streit.

Die Zeit muss sich linear addieren lassen,
um unabhängige Zeitspannen zu erfassen,
für Einzelaktionen sowie für die der Massen.

Zur Zeitplanung zählt auch die Verlässlichkeit,
gepaart mit einer aktuellen Informiertheit
und Einbeziehung der Veränderungen mit der Zeit.

Zeitmanagement plant und fixiert die Zukunft,
die Gegenwart folgt dieser Übereinkunft.
Nur so entsteht optimaler Erfolg in jeder Zunft!

„Sie erhalten unsere Rückstände gegen
einen kleinen Obolus zur Aufarbeitung!"

Optimismus

Optimismus ist die bejahende Haltung
der Welt und der eigenen Lebens-Verwaltung
mit der Sicht auf eine positive Entfaltung.

Die Überzeugung zu einem gesegneten Fortschritt
schwingt darin ebenso mit,
wie die Entwicklung zum Besseren mit jedem Tritt.

Für den Optimisten wird auch gelten:
„Diese ist die beste aller möglichen Welten!",
doch seit Leibniz wurde diese Sicht eher selten.

Im metaphysischen Optimismus
siegt das Gute mit einem Zukunftsgruß,
für den man stark an einen Gott glauben muss.

Es soll auch ethische Optimisten geben,
die für eine positive Menschen-Entwicklung leben.
Schon in der Antike sah Platon dieses Streben.

Optimisten, die in der Kultur den Fortschritt sehen,
können ihre freie Verwirklichung verstehen
sowie mit ihrer Erkenntnis-Fähigkeit mitgehen.

Der zufriedene Optimist
freut sich, wie er ist
und bleibt ein Realist.

Auch Optimisten müssen sich auseinandersetzen,
weil sie sich sonst in Lebensplänen verschätzen
und dann Verlusten traurig hinterher hetzen.

Bestünde die Welt doch aus lauter Optimisten,
dass wir alle um eine bessere Zukunft wüssten!
Manche Mumien kämmen wieder aus ihren Kisten.

Eine Thai-Massage ist
wie eine Runderneuerung!

Thai-Massage

Nach einer politischen „Marathon-Sitzung"
folgt der Wunsch nach einer Sauna-Schwitzung
und einer entspannenden Massage-Knetung.

Was eignet sich da besser als eine Thai-Massage,
gleich um die Ecke, in einer Seiten-Passage,
zu einer äußerst günstigen Marge.

Thai-Massagen beinhalten nicht nur das Kneten,
sondern auch Dehnen, Drücken, sanftes Treten.
Es plätschern Brunnen, spielen leise Pan-Flöten.

Der Damen professionelles Walten
lässt sich ein bis zwei Stunden aushalten
und den Körper auf Entspannung schalten.

Im Wechsel mit sanftem Streichen
an Kopf und Nacken-Bereichen,
kann es auch bis zur Schmerzgrenze reichen.

Beim Dehnen nutzen sie ihr ganzes Gewicht,
aber unangenehm erscheint es nicht,
denn es entkrampft die Muskulatur schlicht.

Die Thai-Damen kennen sich aus in Akupressur,
denn von blauen Flecken hinterher keine Spur,
aber man empfindet es als angenehme Prozedur.

Nach der anfänglichen Bauchlage
kommt die Position auf dem Rücken in Frage,
mit der wohltuenden Arm- und Fuß-Massage.

Wird nach dem Ankleiden noch Tee serviert,
fühlt man sich total regeneriert
und spürt, einem ist etwas Angenehmes passiert.

Deutsche Firmen in China

Auf nach China

China erstreckt sich als riesengroßes Land,
wo ein jeglicher Konzern Niederlassungen fand.
Bald hat der Rote Drache alle in seiner Hand!

Bei uns streiken Gewerkschaften um mehr Lohn,
in Asien zahlen Firmen ein Zehntel, welch´ Hohn!
Viele Konzerne folgten diesem Dumping schon.

Dort haben die Asiaten direkt vor der Tür,
ihre Spionage-Möglichkeit, ihr Lieblings-Plaisir,
und nutzen sie über alle Gebühr.

Auch ist es des Öfteren schon passiert,
dass Chinesen einen ganze Produktion kopiert,
und haben sich über die Unterstützung amüsiert.

Einem Kollegen schlug man ein blaues Auge,
weil Kritik im Land des Lächelns zu nichts tauge.
Er sah aus, wie eingetaucht in Lauge.

Die Familie packte umgehend ihre Sachen,
um sich auf Rückweg in die Heimat zu machen.
Über China-Engagements konnte man nur lachen!

Alle wollen am großen asiatischen Markt teilhaben,
sich an den wachsenden Renditen gesundlaben,
und fallen in das Land ein, wie die Schaben.

Sind erst einmal fast alle Konzerne im Land,
hat die große Einheitspartei alle in der Hand
und findet eine Verstaatlichung höchst amüsant.

Der Westen fällt vom christlichen Glauben ab,
im Land des Buddhas gilt ein anderer Maßstab:
So schaufelt sich der Westen sein eigenes Grab!

Methan-Eis

In mehreren hundert Metern Meerestiefe,
wo sich der Wasserdruck auf etwa 50 bar beliefe,
sei, wo das größte Methan-Vorkommen schliefe.

In des Tiefenwassers Kühle
umgeben das Methan zig Wasser-Moleküle
zu einem Schnee-artigen Kristall-Gewühle.

Diese farblosen Gebilde sind sehr instabil
und mitunter zerfällt davon auch viel.
Boote sinken, gerät das Methan unter ihren Kiel!

Im „Bermuda-Dreieck" vermisst man viele Schiffe.
Sie trieben nicht auf Sand-Bänke, nicht auf Riffe!
Für ihr Verschwinden gab es lange keine Begriffe!

In einem aufgewühlten Gas/Wasser-Gemenge
sinken schwimmende Dinge in ganzer Länge
und geraten tief in der Wassermassen Fänge.

Auf diese Art und Weise
machten schon viele Fischerboote eine Reise
auf Nimmerwiedersehen, plötzlich und leise!

Bei vulkanischer Unterwasser-Tätigkeit
ist das Methan-Eis zur Zersetzung bereit,
Gas schießt an die Oberfläche, vom Eis befreit.

Aus Vorsicht hat man diese Methan-Vorkommen
nie ernsthaft zur Nutzung in Betracht genommen,
wäre man doch in Risiko-Zonen geschwommen!

Methan ist einer der stärkeren Treibhaus-Gase,
verglichen mit CO-2, in 23-fachem Maße.
Mit dem Abbau beträte man eine riskante Phase!

Oh, seliges Kommunikations-Zeitalter!?

Kommunikation

Dass Frauen gerne und lange telefonieren,
das muss man nicht phantasieren,
denn jeder kennt dieses Praktizieren!

Aber in den Jahren der Handy-Zeit
bringen es gar so weit,
dass sie Handys halten, selbst zu zweit!

Manche haben ein Mikrophon im Ohr,
reden laut, als hätten sie Zuhörer davor.
Passanten sind irritiert: „Was redet der Tor?!"

Märkte wünschen, dass man Waren einscannt,
wobei sich längst nicht jeder damit auskennt
und sicherlich eine rasende Entwicklung verpennt.

Mit Smartphones holt man sich Nachrichten
sowie das ganze Internet mit seinen Geschichten,
oder man kann diverse Geduldsspiele verrichten.

Mit Zug-Tickets oder Theaterkarten
lässt sich bequem ins Vergnügen starten,
muss nicht mehr lange an Kassen warten!

Mit zahlreichen Apps, den Applikationen,
lässt man sich von Geschäften belohnen,
die auf diese Weise ihre Angestellten schonen.

Das mündet in Kommunikations-Diskriminierung,
denn ohne spezielle Applikations-Registrierung
ist man abgehängt. Das sieht keine Regierung!

EDV-Anbieter lancieren auf die Schnelle
immer neue Smartphone- und „Tablet"-Modelle,
denn für sie sind sie eine leichte Einnahme-Quelle!

Ekelig, diese Quallen-Schwärme!

Schwärme

Schwarm-Verhalten ist Menschen nicht gegeben,
wie wir bei Massen-Veranstaltungen oft erleben,
wenn alle panisch durch Fluchttüren streben.

In Wasser und Luft sind Schwärme zu bestaunen,
wie die zahlreichen gruppierten Faunen,
sich konzertiert bewegen, ohne eigen Launen.

Es lässt sich bei Vögeln und Fischen entdecken,
bei Bienen, Wildgänsen und Heuschrecken,
weil Verhaltens-Regeln genetisch in ihnen stecken.

Dabei folgen sie nur drei Regeln,
obwohl sie sehr schnell schwimmen oder segeln,
ohne Übermut von undisziplinierten Flegeln:

1. Bewege dich wie das Tier vor dir
2. Halte Abstand von dem Nachbar-Tier
3. Bleibe im Tempo vom Seiten-Spalier!

Wie Riff-Fische im Bruchteil einer Sekunde,
die Richtung wechseln, im großen Verbunde,
lässt uns staunen mit weit offenem Munde!

Ähnliches gilt für den Kranich-Flug,
bei ihrem langen Winterreise-Zug.
Aber eine gewisse Teilnehmerzahl ist ihnen genug!

Hat der Schwarm eine Mengengrenze erreicht,
kommt es vor, dass eine Gruppe ausweicht,
eine eigene Formation fliegt, die der ersten gleicht.

Auch Fledermäuse fliegen aus der Höhlen-Wärme
bei Dunkelheit als lange Gruppen-Schwärme,
auf die Jagd mit weit hörbarem Gelärme.

Hysterischer Star-Kult

Schwärmerei

Kommen große Fan-Massen in Stadien herbei,
geraten sie in Ekstase und wilde Schreierei,
verbunden mit kollektiver Schwärmerei.

Ob Fußball, Hockey oder Schlager-Show,
die Fans geraten schnell in eine Super-Flow,
als wären sie in einem wilden Affen-Zoo.

Teenager schwärmen für ihre Idole,
kaufen ihre Merchandising-Symbole.
Die Stars und ihre Manager machen die Kohle!

Jubelnde, singende, schreiende Menschenmassen
können ihre Gefühle in die Freiheit entlassen.
Dafür klingelten reichlich der Veranstalter Kassen!

Mit T-Shirts, Schmuck und Souvenir-Alben
lassen sich die VIPs ihren Starkult salben,
in Geschäften, auf Shows und allenthalben.

Auf Rock-Konzerten und Fußballspielen
treffen sich Menschen mit fanatischen Gefühlen
mit exzessiver Ekstase und allen offenen Ventilen.

Junge Mädchen geraten bei ihrem Star-Verehren
leicht in gefährliche Ekstase-Phasen,
bei denen Phantasien ins Unendliche rasen.

Werden Teenager-Zimmer zu Wallfahrtsstätten,
weil junge Fans ihre Idole nah bei sich hätten,
so hilft es, wenn sie ins erwachsene Leben jetten.

So sehr auch Teenager ihre Idole umschwärmen,
und sich für deren Extrem-Leistungen erwärmen,
es ist ein relativ kurzzeitiges, häutendes Lärmen!

Religionen

Das Wort „Religion" heißt „Bedenken/Achtgeben",
Menschen begleitend, oft durch ihr ganze Leben,
um ihnen im Glauben Kraft und Stütze zu geben.

Fünf Weltreligionen haben die Menschheit geprägt,
auf die so mancher überaus großen Werte legt,
und Ungläubigen gar den Schädel einschlägt!

Sie heißen Buddhismus, Christentum, Hinduismus,
wie man auch Judentum und Islam nennen muss.
Nicht zu vernachlässigen ist dabei der Atheismus.

Der Buddhismus gereicht nicht zum Glaubensfatal,
er ist Erfahrungs-Religion mit Buddha als Ideal.
Ihm zu folgen, ist der Buddhisten frohes Schicksal!

Die Wurzeln des Buddhismus liegen lange zurück.
Er ist von 500 Millionen Gläubigen das Geschick,
dagegen suchen 2,5 Millionen Christen ihr Glück.

Die Christen folgen dem Juden Jesus Christus,
für sie seit über 2000 Jahren ein religiöses Muss,
mit einem Auferstehungs-Glauben am Schluss.

Judentum ist die älteste monotheistische Religion.
Ihre Ethik-Lehre gab es vor 3000 Jahren schon,
nach Gottes Bund mit Abraham und seinem Sohn.

Der Hinduismus als eine der ewigen Religionen
basiert auf alten indischen Traditionen.
Dem Glauben folgen mehr als tausend Millionen.

Zwei Milliarden Muslime leben nach dem Islam,
der mit dem Propheten Mohamed im 7. Jh. kam,
mit seiner Gott-Unterwerfung seinen Anfang nahm.

Moses bittet um Leitlinien

Atheismus

Schon der griechische Denker Thales von Milet
hielt nichts von dem zwanghaften Götter-Gebet,
für ihn waren die Götter auf dem Olymp obsolet.

Aber wie Menschen Jahrhunderte offenbarten,
wünschen sie sich einen paradiesischen Garten,
indem sie sich um Heilsverkünder scharten.

Eigentlich hatte schon die Aufklärung begonnen
und die Menschheit auf das Denken besonnen,
aber die sieht ihr Dasein lieber versponnen!

Doch machten sich mit der aufgeklärten Zeit,
durch die Evolutions-Sicht und dem Kirchen-Streit,
latente Religions-Abkehr und Atheismus breit.

Atheismus umfasst die Ablehnung jeglicher Götter,
vom Ignoranten bis zum Glaubensspötter,
denn die Gläubigen betreten dünne Bretter.

In Frankreich bekennen sich 30 % als Atheisten,
in Deutschland lässt sich die Hälfte listen,
wobei 40 % ihr Leben ohne Kirchensteuer fristen.

Grenzen zwischen Gläubigen und Nicht-Gläubigen
lassen sich nicht eindeutig bescheinigen,
da sich die Kritiker und Agnostiker vereinigen.

Mit den bekanntgewordenen Kirchen-Skandalen
stiegen dramatisch die Kirchenaustritts-Zahlen,
dennoch können Kirchen mit sich prahlen.

Taufe, kirchliche Trauung und Beerdigung
verbleiben nicht als angesagte Lebensbedingung
zugunsten einer weltoffenen Orientierung.

Letzte Ruhe im Friedwald

Ruhestätten

Für die Bestattung der Toten
wird ein umfangreiches Programm geboten,
mit allerlei teuren und aufwendigen Zoten.

Da können 20 Tausender zusammenkommen.
Aus Pietät zahlen das die besonders Frommen,
von Beerdigungsfirmen in die Mangel genommen.

Leichnam-Ausstattung, einen der Grabsteine,
Trauermusik mit Chor oder einem Pfarrer alleine,
Ausstattung der Leichenhalle auf das Feine.

Manche Verstorbene begleiten viele Trauergäste,
man verköstigt beim „Tränen-Kaffee" aufs Beste!
Aber wem helfen diese traurigen Feste?

Der Trauerkult zeigt sich im Wandeln,
weil Hinterbliebenen-Familien sparsamer handeln
und nicht blind mit Trauer-Instituten anbandeln.

Viele Wälder bieten sich als „Ruhe-Forst" an,
wo man Urnen anonym beerdigen kann,
ohne jahrelangen Grabpflege-Bann.

Beerdigungs-Institute und Steinmetze
geraten dabei in engmaschigere Netze,
denn für sie wird es eng, wie man schätze.

Die Trauer-Kultur bewegt sich auf engerem Pfade:
Bisher reichen die Friedhöfe ja noch gerade,
aber kaum bei weiterer Sarg-/Gedenkstein-Parade!

Nach 20 Jahren werden Grabstätten geräumt!
Da haben Hinterbliebene nicht viel versäumt,
wenn jeder privat von seinen Vorfahren träumt!

„Aber mal ganz schnell wieder zurück!"

Katastrophenschutz

Katastrophen vermehren sich mit den Jahren,
entstehen, wo früher keine waren,
und auch Viren kommen in Scharen.

Erdstöße zerstören ganze Städte,
Deich-Anrainer verfallen verzweifelt in Gebete,
denn Sturmfluten wüten, als kämen Stahlgeräte.

Vulkane spucken ihre Lava heraus,
Aschewolken bedecken Straße und Haus,
und Feuer breitet sich in den Wäldern aus.

Tornados zerstören alte Baumbestände
als kennen sie keine Mauern und Wände;
ihre Zerstörung verändert ganze Gelände.

Mal bleibt der Regen monatelang aus,
dann wieder schüttet es vom Himmel mit Graus,
Keller laufen voller Wasser in fast jedem Haus.

Dürren und Überschwemmungen
überkommen uns in wechselnden Verheißungen
sowie weiteren plötzlichen bösen Überraschungen.

Katastrophenschutz heißt: Sorgfältige Prävention!
Nicht nur vor Kriegen mit Panzer und Munition,
auch mit Seismographen vor Vulkan-Eruption.

Deiche müssen den Fluten Widerstand bieten,
Schneisen können große Waldbrände verhüten,
und auch über Terror-Anschläge muss man brüten!

Trinkwasser- und Energie-Versorgung
verdienen besondere Sicherheits-Betrachtung!
Geschulte Krisenstäbe bleiben auf dem Sprung!

„Dass Verbindungen mit Edelmetallen
so explosiv sein können, hätten sie
auch nicht gedacht, was, Herr Professor?!"

Explosive Edelmetall-Verbindungen

Sie lassen sich kaum mit Elementen ein:
Also müssten Edelmetalle doch träge sein!
Aber in Verbindungen kam viel Energie hinein!

Diese Energie wir unversehens plötzlich frei,
auch wenn man nicht darauf vorbereitet sei,
und verursachte schon manche Schererei.

Viele Explosions-Unfälle bleiben verborgen,
weil sich Unternehmen um ihr Image sorgen,
statt Kollegen zu warnen für ein Morgen.

Wie viele Unfälle müssen noch geschehen,
mit Silbernitrat und Ammoniak im Handumdrehen,
wenn die Lösungen stark ins Alkalische gehen?!

Wer denkt schon als guter Chemiker daran,
dass Goldchlorid mit Ammoniak ab und an
das hochexplosive „Knallgold" bilden kann?!

Das Reduzieren mit Natriumformiat
ist Laborarbeit von üblichem Format,
was es aber mit Palladiumchlorid in sich hat!

Denn dabei entsteht aktives Wasserstoff-Gas,
das gebildete Palladium-Metall zündet das,
und dann kommt's zur Explosion, heftig und krass!

Auch feines Edelmetall-Pulver gleicht Munition,
enthält es noch Wasserstoff aus der Produktion:
Tödliche Unfälle passierten schon.

Sicherheits-Berichte dazu sind selten zu finden,
weil Firmen sie mitunter gar unterbinden.
Wer muss sich durch Unwissen noch schinden?!

Gesundheit

Wie leben wir heute noch gesund?
Menschen magern oder es klemmt der Bund,
laufen Marathon oder powern wie ein Hund!

Was sollen wir essen?
Die gute Hausmanns-Kost ist längst vergessen,
die Leute sind auf Spezial-Diäten versessen!

Wir werden zu der Ernährungs-Spezis Büttel:
Immer mehr Pillen und Ergänzungsmittel,
dabei reichte, wenn überhaupt, gut ein Drittel!

Welche Impfung ist gedeihlich,
welche Ablehnung unverzeihlich?
Warum Proteste – randalierend und polizeilich?

Wie vielfältig die Medien-Branche auch informiert,
die Bürger sind und bleiben irritiert,
was man sich heute nachhaltig aufs Brot schmiert.

Nur kein Zucker! – Nur kein Salz!
Das verschließt doch schon eine Praline den Hals!
Geblieben ist ein Haferkeks – allenfalls!

Ein Grund für die Erderwärmung
sei die hohe Wurst- und Fleisch-Verkostung!
Nur Vegetarier erhalten sich den Lebensschwung!

Mit hohem Übergewicht
akzeptiert dich die Gesellschaft nicht.
Was bleibt da noch fürs Tagesgericht?!

Ärztliche Vorsorge, bitte jedes Jahr!
Das ist vielleicht für die Ärzte wunderbar,
denn die finden immer ´was! – Ist doch wahr!

„Lugio, wie lange hat heute
deine Pizzeria noch auf?"

Skypen statt Weltreisen

Politiker und Geschäftsleute müssen reisen!
Aber das Gegenteil wäre leicht zu beweisen,
denn „Tele-Kommunikation" heißt das neue Eisen!

Ganze Familien skypen sich täglich zusammen,
auch wenn sie aus entfernten Orten stammen,
wo doch Umweltler die Fernreisen verdammen!

Aber selbst die fliegen zu ihren Konferenzen,
als würden ihre Grundsätze schwänzen,
um sie als unvermeidbare Ausnahme zu kränzen.

Ein Zwiegespräch, von Monitor zu Monitor
kam vielen Managern lange Zeit utopisch vor,
ist heute aber der Zukunfts-Motor!

Die ganze Welt kann Entscheidungen vernehmen,
jeder Bürger sich vor einen Monitor bequemen.
Da müssten sich die Vielreisenden schämen!

So mancher Handels-Vertrag
wäre schnell besiegelt, mit einem Schlag!
Doch nüchtern schnell, dass es kaum einer mag.

Dabei müsse man sich um den Hals fallen,
müssen Zeremonien ablaufen, Sektkorken knallen!
So gefiel es schon immer allen!

Das ginge so einfach, wie bei Versicherungen:
Man kündigt oder bestätigt Verlängerungen
per Skype in seinen häuslichen Umgebungen.

Kommunikations-Netze verändern die Welt,
auch wenn sich mancher am Hergebrachtem hält
und ihm der schnelle Wandel sehr schwer fällt!

Heuschrecken unter sich:
„Habe gestern schon mit unserem
nächsten Opfer diniert!"

Gesellschaftlicher Zusammenhalt

Der gewohnte gesellschaftliche Zusammenhalt
verliert seine hergebrachte Gestalt
an alten Traditionen schon sehr bald!

Familien bestehen nur noch einige Jahre,
dann trennen sich Kinder und Paare,
der Familien-Zusammenhalt verliert das Klare.

Traditions-Vereine beklagen Mitgliederschwund,
den Nachwuchs zieht es nicht zu einem Bund,
da geht´s nur mit Smartphones und Partys rund.

So verschachteln sich auch Konzerne:
Sie fusionieren mit Unternehmen in der Ferne
und arrondieren ihre geschäftlichen Kerne.

Tochter-Firmen werden verkauft mit Beschäftigten,
um Kerne zu erhalten, wie die Bosse bekräftigten,
deren Betroffenheiten aber sind die kaum heftigen!

Keiner will sich verantworten, Arbeit übernehmen,
jeder sucht nach eigenen Lieblings-Themen,
die erfolgreichen, anspruchslosen und bequemen!

„Mach Du das, mir bringt das nichts ein!",
sagen Viele und schauen in ihre SMS hinein.
Mit dieser Einstellung hält sich kein Verein!

Das klassische Ehrenamt hat ausgedient,
weil auch der „Ehrenamtler" Geld verdient:
Ein Narr, wer da noch für Gotteslohn sühnt!

Sozialer Dienst? – Nein, danke!
Vor der Freiwilligkeit wuchs eine Schranke
mit einer schwer überwindbaren Planke!

„Mit der Eva müssen wir direkt,
ohne Handy sprechen!"

Theater

Wie hatte ich einst gerne Kasper-Theater gesehen!
Kasper und den Seppel konnten wir gut verstehen,
waren stets auf ihrer Seite im Geschehen.

Auch an Kirmes-Darbietungen und Zirkus-Schauen
konnten wir uns reichlich erbauen,
ohne sich ganz nah heranzutrauen.

Was waren das für spannende Darbietungen:
Darsteller waren barfuß auf Scherben gesprungen,
zuvor war ihnen so mancher Zaubertrick gelungen.

Mädchen zeigten Balance-Akte und Jonglagen,
jedes Mal fehlerfrei, ohne Blamagen;
Ponys kreisten auf dünnen Stroh-Drainagen.

Für Filmtheater hatten wir wenig Geld,
daher selten in die langen Schlange gestellt.
Fernsehen beherrschte noch nicht das Feld.

Als Studenten besuchten wir oft das Theater,
denn dafür gab es spezielle Berater,
und auf Probe-Bühnen spielte man noch akkurater!

Später hatte ich viele Tragödien gesehen,
in der Schule konnte ich sie früher nicht verstehen,
die Bühne aber ließ mich ergriffen mitgehen.

Es folgte ein grenzenloser Musical-Boom
ohne staatliches Mäzenatentum.
Mich haute als erstes das Musical „Hair" um.

Viele weitere sollten folgen, mit weiten Reisen,
Hotel-Übernachtungen und hohen Preisen.
Schließlich zählten auch Musicals zum alten Eisen.

„…und darf dir für 75 Jahre Ehrenamt, lieber Kurt,
diese Messing-Nadel überreichen!"

Bullshit-Sprache

Das Human Ressouce-Department
kooperiert mit dem Corporate Management
für ein komplexes Sustainability Implement.

Das heißt im Rahmen allgemeiner Verständigung:
Personal-Abteilung erarbeitet mit der Firmenleitung
eine umfassende Nachhaltigkeits-Einführung.

Scheinbar laufen Unternehmens-Leitungen
Anglizismen so unkontrolliert von ihren Zungen,
unabhängig von Adressaten und Umgebungen.

Aktionen werden vom Zaune gebrochen
und nur mit englische Begriffen ausgesprochen!
Da kommt keiner mit Begeisterung angekrochen.

„Responsible Care", „Sustainable Development",
Begriffe, die jeder Manager aus Amerika kennt,
ist nichts, worauf der deutsche Arbeiter brennt!

Laut eigenen Zufriedenheits-Umfragen,
mit Ziel, Vertrauen in die Belegschaft zu tragen,
platzt den Beschäftigten schon lange der Kragen.

Renommierte Berater müssen die Wogen glätten,
als ob Bosse das Geld nicht für Besseres hätten,
denn Vertrauen lässt sich nicht mit Parolen retten!

Wieder wurden Parolen durchs Dorf getrieben:
Diesmal hatte man es auf die Spitze getrieben
und den Mitarbeitern „Blue Spirit" vorgeschrieben.

Schon nach kurzer Zeit hatten Engländer erkannt,
dass man darin „obszöne Trunkenheit" fand,
so wurde das teure „Blue Spirit" wieder verbannt.

Fahre nicht mit kleinem Boot
zu großen Fischen!

Keine Angst vor großen Fischen

Als die größten Fische in den Weltmeeren
können wir die Walhaie mit Recht verehren,
die sich embryonal in großen Tiefen vermehren.

Sie erreichen von Menschen die zehnfache Länge,
gleiten majestätisch dahin, mögen kein Gedränge,
ohne die schönen Wal-Gesänge.

Sie leben als Filtrierer von Kleingetier,
die wärmeren Ozeane sind ihr Revier,
sie haben weder Zähne von Raubtieren noch Gier.

Lebensraum ist die Weite und Tiefe der Ozeane,
ohne Prunksäle oder sonstige Schikane,
an der Oberfläche begleiten sie Pelikane.

Menschen in repräsentativen Positionen,
wollen auf goldenen Stühlen thronen,
eifrig pflegen sie diese Macht-Traditionen.

Mit Gold, Stuck, Ölgemälden und Brokat,
umgeben sich edle Bürger ab Kommerzienrat
und halten sich von einfachen Leuten separat.

Dabei sind sie doch relativ kleine Erdenwesen,
wer weiß, wer sie einst als elitär auserlesen,
Prunk ist oft Gegenteil ihres Charakters gewesen!

Die Angst packt sie ebenso wie andere,
drum sei furchtlos! - Die sind nicht Bessere,
vielleicht sogar krank und deutlich Ältere!

Drum lass´ großen Tiere auch große Tiere sein!
Als Mensch seien wir bescheiden und klein
und laden zu uns jeden mit gleichem Respekt ein!

„Schüttel ihn über der Jauche-Grube
vom Bauer Harms ab, Elvira!"

Schmerzen

Wenn die Arm-, Hüft- und Beingelenke schmerzen,
nimmt man sich das besonders schwer zu Herzen,
da hilft auch kein Beten, kein Zünden von Kerzen.

Gezielte Gymnastik kann da Wunder bewirken,
bei all den elendigen Schmerz-Bezirken.
Mitunter hilft auch der Saft der weißen Birken.

Auch Wandern, Schwimmen und Spazieren
können viele Wehwehchen kurieren,
man braucht sich nicht übermäßig zu echauffieren!

Oft hilft in gemütlicher Runde eine Tasse Kaffee,
ergänzt durch ein Tortenstück mit Sahne-Schnee,
und schon tut gar nichts mehr weh!

Schmerzen haben eine wichtige Warnfunktion,
das wissen die kleinen Kinder schon,
nur wenn sie bleiben, beginnt die ernste Situation!

Bei Dauerschmerzen wird nichts mehr vertagt,
selbst ist man nicht für Arzt-Besuche veranlagt,
hier ist die ärztliche Konsultation gefragt!

Insbesondere bei chronischen Schmerzzuständen,
wird der Schmerz von kognitiven Umständen
geprägt, sind positive Kenntnisse zu Händen.

Auch Gefühle, Einstellung und Motivation
beeinflussen die Schmerz-Kommunikation.
Bei Kindern hilft oft das Pusten schon!

Wichtig ist die Suche nach den Schmerzursachen,
die einem das Leben schwerer machen.
Hat man sie gefunden, lässt sich wieder lachen!

„Ich fliege noch schnell mal zum Supermarkt!"

SENECA

Ein Teil seines Lebens wird im Film aufgerollt:
Seneca hat Reichtum und Weisheit gewollt
und dem Kaiser Nero seine Gunst gezollt.

Acht Jahre war er auf die Insel Korsika verbannt,
dann wurde er zum Erzieher von Nero ernannt,
der schon mit 16 Jahren den Kaiser-Thron fand.

Die allgemeine Unzufriedenheit mit dem Kaiser,
unterstützte Seneca besser etwas leiser,
denn Schweigen wäre für den Philosophen weiser!

So ließ der jähzornige Nero alle Verräter töten,
nur sein einstiger Berater Seneca wurde gebeten,
durch Selbsttötung aus dem Leben zu treten.

Er lebte zu Zeiten von Jesus Christus, nur länger,
galt aber nicht gerade als religiöser Anhänger,
sondern des hinterhältigen Reichtums Empfänger.

Sein Ruhm breitete sich im Römischen Reich aus,
als Stoiker und Schriftsteller bekam er Applaus,
lehrte Mäßigung, lebte jedoch in Saus und Braus.

Schon er kritisierte die römischen Pädagogen:
Schüler werden für Eure Thesen zurechtgebogen
und nicht für ihr eigenes Leben erzogen!

Reiche Menschen sind oft ihrer Habsucht verfallen,
immerzu sollen ihnen noch mehr Gewinne zufallen,
aber die begrenzte Zeit verrinnt unter ihren Krallen.

Der Tod hat dem Seneca keine Angst bereitet:
„Im üppigen Leben hat er mich nicht begleitet,
und war er da, ist keiner mehr da, der leidet!"

„Ach wie bin ich beschwingt, weil die Amsel so schön singt und ein Reh über die Wiese springt!"

„Unter einer Schildkröten-Decke fühle ich
mich irgendwie sicherer und schlafe besser!"

Gästeführer

Wir reisen gerne in unbekannte Städte,
ist da nicht gerade eine große Fete,
denn das ist uns zu viel Tamtam und Getröte.

Oft schließen wir uns einer Stadtführung an,
egal ob von einer Frau oder einem Mann,
und folgen dem, was man uns bieten kann.

Manche Orte wollen etwas Besonderes bieten,
lassen historische Kostümführungen mieten,
mit theatralischen Demonstrationen örtlicher Riten.

Uns aber interessiert mehr die grobe Orientierung
zwischen Schloss, Museen und Stadtregierung,
ohne großen Firlefanz und Kostümierung.

Geschichtszahlen sollten uns nicht überschütten,
weil wir uns mehr Insider-Storys erbitten,
sowie auch, was die Bürger hier alles erlitten.

Besonders hat uns amüsiert,
als man uns eine kurzes Stadt-Lied präsentiert,
in einer ruhigen Ecke, sehr talentiert!

Wie erfahren viel über Fachwerkbauten,
wie Balken-Verzapfungen fachmännisch lauten
und wie Zimmerer arbeiten in Winter-Flauten.

Der Charme alter Handwerker-Gassen
ist gut mit den Erläuterungen zu erfassen,
weshalb wir uns immer gerne führen lassen.

Danach erobern wir die Städte auf unsere Weise,
stoßen dabei immer wieder auf gesehene Kreise
und schauen nach einer günstigen Speise.

„Steht immer noch 0 : 0 !"

Glaubensflüchtlinge

Der Glaube an eine Übermacht hat zwei Gesichter:
Das eine verheißt selige Ewigkeits-Lichter,
das andere zeigt grausame, intolerante Richter.

Andersgläubigen wird nach dem Leben getrachtet,
sie werden verspottet, gedemütigt, verachtet,
oder gar hinterhältig ins Abseits verfrachtet.

So flohen viele Bürger vor der Kirchen-Macht,
haben ihr Leben in ärmlichen Lagern zugebracht
oder sich auf lange Wanderschaften gemacht.

Ein Teil suchte die Freiheit jenseits der Meere,
als Einsame im großen Flüchtlings-Heere,
in der Gewissheit keiner Wiederkehre.

Viele zogen in liberale Staaten und Königreiche,
erlebten nach Regenten-Wechsel neue Streiche.
In dieser Schwere hinterließen sie manche Leiche.

Nach Hanau kamen Niederländer und Wallonen,
bauten eine Doppelkirche, blieben dort wohnen:
Ihre Fertigkeiten sollten sich für die Stadt lohnen!

Denn die calvinistischen Glaubensflüchtlinge
zeigten sich sehr versiert, beherrschten viel Dinge:
Bauwerke, schufen Fajancen und Diamantringe.

Hanau blühte auf zur Goldschmiede-Stadt,
die den Sitz der Goldschmiede-Gesellschaft hat
sowie mit dem Goldschmiedehaus eine Ehrenstatt.

Im Hof der Hanauer Doppelkirche steht zum Geleit:
„Menschen, begrabt Hass, Neid und Streit –
schafft Raum für eine bessere Zeit!"

„Vielleicht hätten wir nicht so stark
nachträglich dämmen sollen!"

Meine Kneipe

Zur meiner kleinen Kneipe, gleich um die Ecke,
ist meine liebste Weges-Strecke,
weil ich dort gemütlich meine Glieder strecke.

Dort bin ich bekannt, dort bin ich zu Haus,
auf der kleinen Speisekarte, da kenn´ ich mich aus,
ein Halbes vom Fass gehört zu jedem Schmaus.

Gesellt sich ein Reisender an meinen Tisch
und erzählt von seiner Seele frisch,
von Familie, Reisen, Städten, ganz malerisch.

Auch kann ich von dem Fremden erfahren,
wie sich ihm Firma, Politik und Welt offenbaren,
nach einigen Cocktails sind wir stets im Klaren!

Der einst so beliebten Kneipen-Kultur
blüht heute kein hoffnungsvolles Futur!
Wo bleiben die Kneipen-Gäste nur?

Bei Bratkartoffeln und Spiegelei,
garniert mit Salat-Allerlei,
bin ich stets mit Begeisterung dabei.

Die Karten-Runde hatte schon lange aufgegeben,
weil auch die älteren Skatbrüder nicht mehr leben,
zum Stammtisch wollen nur noch Wenige streben.

Die jungen Leute haben ihr Handy am Ohr,
Kulturelles haben sie kaum noch vor,
kein Kegeln, kein Sport, kein Singen im Chor!

So sitze ich in der Kneipe auch oft alleine
bei Hefeweizen oder einem Schoppen Weine,
lese die Zeitung, denn Gespräche finde ich keine.

„Unser Schiff leistet sich eine echte Gallionsfigur!"

"Der Neue nennt sich CEO, Chief Executive
Officer! – Unter einem feschen Offizier habe
ich mir aber immer etwas anderes vorgestellt!"

Sauberer Landkreis

Seit über 20 Jahren beteiligt sich unser Verein
an der Aktion „Sauberer Landkreis" nicht allein,
denn viele Helfer sammeln die Wegesränder rein.

Es ist unbeschreiblich, was Menschen an Müll
in die Gegend werfen, ohne schlechtes Gefühl:
Flaschen, Silberpapier bis zum Camping-Grill.

Jeder Sammler hat nach gut einer Stunde,
am Ende seiner Sammelrunde,
einen ganzen Sack voll, mit an die 30 Pfunde!

Mitunter landen ganze Abfall-Ladungen
mit Rest- und Sondermüll in Verpackungen
in der Natur, verstreut in die Umgebungen.

Was sind das bloß für gemeinschädliche Unarten,
keiner schmeißt doch Müll in deren Garten,
sollen sie doch auf die offizielle Abfuhr warten.

Oder geht es um Geld-Sparen,
weil keine Restmüll-Tonnen geordert waren?!
Müll-Frevel ist ein unsoziales, kriminelles Gebaren!

Hunderttausend ehrenamtliche Sammler
räumen den Dreck dieser asozialen Gammler.
Werden sie erwischt, geraten sie zum Stammler!

Gemeinden haben überall Abfall-Körbe installiert.
Als ob einer an Bequemlichkeit verliert,
wenn er seinen Abfall ordnungsgemäß deponiert?

Kaugummi wird auf Pflastersteine geschmissen,
wie Zigaretten-Stummel entsorgt, ohne Gewissen.
Darf man menschlichen Anstand so vermissen?!

Kategorischer Imperativ

Nachdem Immanuel Kant die Erkenntnis definierte,
die er aus Sinnlichem und Verstand rekrutierte,
sah der Klerus, dass sie zur Gottlosigkeit führte.

So bemühte er sich nach der „Reinen Vernunft"
um eine Definition der „Praktischen Vernunft",
für Glauben und Ethik eine neue Übereinkunft!

Danach gibt es fünf Möglichkeiten, gut zu handeln,
mehr oder weniger vorbildlich zu wandeln,
ohne sein Ansinnen ganz zu verschandeln.

Der Hedonist sieht zwar im sinnlichen Lustgewinn
auf Kosten anderer seinen privaten Lebensinn,
aber die praktische Vernunft fließt dahin!

Utilitaristen handeln für den höchsten Nutzen,
aber Minderheiten müssen da stutzen,
wenn sie maximal mögliche Vorteile beschmutzen.

Eudaimoniker suchen in Tugenden ihr Glück,
die gehen auf Mut, Tapferkeit, Klugheit zurück,
auf Gerechtigkeit und Bescheidenheit ein Stück.

So ein kluger Mutiger voller Tapferkeit,
könnte aber im Streit um die Gerechtigkeit,
eine Bank überfallen in aller Bescheidenheit.

Wie steht es um das gesetzeskonforme Verhalten?
Man schaue, wie Star-Anwälte damit walten,
wenn sie das Recht mit Formfehlern ausschalten!

Aus Überzeugung ethisch korrekt zu handeln,
ist mit dem „kategorischen Imperativ" zu wandeln,
dass Maximen mit möglichem Recht anbandeln.

„Toller Schaffer, unser Neuer!"

Gute Arbeit

„Es gibt wahrlich nichts Gutes",
sagte einst Erich Kästner, „außer man tut es,
unverzagt, fröhlich und guten Mutes!"

„Wer schaffen will, muss fröhlich sein!"
Dann fallen einem die besten Ideen ein,
und die Unkreativen schauen neidisch drein!

Wer die Schaffensfreude verkennt,
nur neidisch Intrigen nachrennt,
ist einer, der sich die Seele verbrennt!

Guten Mutes sein Tagewerk zu beginnen,
ist ein zufriedenstellendes Ansinnen,
da kann der Schweiß auch mal rinnen!

In manchen verstaubten Unternehmen,
wo sich alle auf das Netzwerken bequemen,
sollte sich so mancher Gruppen-Intrigant schämen!

Er saugt gleich einer blutrünstigen Zecke
die Ideen anderer zu seinem eigenen Zwecke
und drängt diese noch in die Ecke.

Will die Firma einem Mitarbeiter Gunst erweisen,
schickt er ihn auf weite Dienstreisen,
in Luxus-Hotels und kostspieligen Speisen.

Die Günstlinge sind aber oft die falschen Leute
und „Schleimer" machen die fetteste Beute!
Das war früher so und ist es auch noch heute.

Das Gute und Fröhliche ist schnell dahin,
fragt ein Beschäftigter nach seinem Auftrags-Sinn,
und für wen ist der eigentlich ein Gewinn?

Ohne Worte!

Der Autor

Wolfgang Hasenpusch, geboren 1947 in Marne, an der Nordseeküste, aufgewachsen in Brunsbüttel, Reserve-Offizier, promovierter Chemiker und Hochschul-Lehrer, aber auch Sport-, Tauch- und Zeichen-Lehrer, hat in seinem Leben viel von der Staats-, Unternehmens-, Verbands-, Vereins- und Familien-Politik mitbekommen, von dem er einiges in Tripel-Versen und Humor-Zeichnungen verarbeiten konnte.

Die sechs letzten, von 2020 bis 2023 im BoD-Verlag publizierten Bücher.